초판 6쇄 | 2020년 1월 20일

지은이 | 이병도
발행인 | 김태웅
편 집 | 김현아
디자인 | 정혜미, 남은혜
일러스트 | 지상의
마케팅 | 나재승
제 작 | 현대순

발행처 | (주)동양북스
등 록 | 제2014-000055호
주 소 | 서울시 마포구 동교로 22길 14 (04030)
전 화 | (02) 337-1737
팩 스 | (02) 334-6624

http://www.dongyangbooks.com

ISBN 978-89-8300-939-5 13790

▶ 본 책은 저작권법에 의해 보호받는 저작물이므로 무단 전재와 복제를 금합니다.
▶ 잘못된 책은 구입처에서 교환해드립니다.

NEW 후다닥 여행 태국어
THAILAND Speed Speaking

이병도 지음

동양북스

머리글

생각만 해도 설레는 해외여행!

여권준비, 비행기 예약, 숙소 예약, 드디어 출국!

여행을 앞두고 이것저것 다 준비한 것 같은데, 무언가가 허전하다면, 바로 중요한 언어문제일 것입니다.

이왕 떠나는 신나는 여행인데, 언어에 대한 아무런 준비도 없이 허술히 떠난다면 얼마나 아쉽겠습니까?

자, 그럼 큰맘 먹고 가는 즐거운 여행,

회화책 한 권은 들고 여행을 떠나야겠죠?

이 책은 바로 **자신 있게 여행길에 오르고 싶은 분들을 위해 기획한 책입니다.**

해외여행 기본상식과, 여행 준비자료 등과 함께 그 곳에서 바로 쓸 수 있도록 실용적인 회화문을 위주로 담아놓았습니다. 그림으로 쉽게 찾아 볼 수 있도록 출국장에서, 기내에서, 공항에서, 호텔에서, 현지관광 등에서 각 장소별로 주로 쓰이는 회화 중심으로 실려 있기 때문에, 기본적인 표현은 쉽게 구사할 수 있을 것입니다.

손가락 어휘사전으로 모르는 태국어 어휘를 그때그때 쉽게 찾을 수 있도록 별도로 엮었습니다.

해외로 떠나는 신나는 여행?

이젠「후다닥 여행 태국어」와 함께 떠나세요.

여행길에 든든한 친구가 되어줄 것입니다.

이책의 활용법

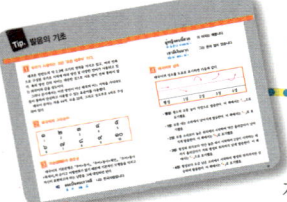

각 Chapter별 Tip

알아두면 유용한 해외여행 Know-how를 제시합니다. 여행 짐싸기부터 귀국 준비까지 여러분의 여행을 한층 업그레이드 시켜 줄 상세한 팁들로 여행 준비를 도와드립니다.

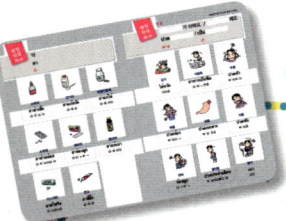

단어

해당 주제 아래 다시 작은 주제별로 필요한 단어들을 모았습니다. 알짜 표현에 맞게 다양한 그림들을 함께 묶어 갑작스럽게 단어를 구사해야 하는 상황에서 실용적으로 사용할 수 있습니다.

New 후다닥 **여행 태국어**

표현

어떤 상황에서라도 꼭 필요한 문장을 쉽게 찾아볼 수 있도록 편리하게 chapter별로 인덱스를 해놓았습니다. 상황에 따라 찾아보면서 필요한 표현들을 익혀 보세요.

차례

이 책의 구성과 활용법 6
차례 8

CHAPTER 0 그림으로 보여주는 알짜

단어Tip. 태국어 발음의 기초 14
기내에서 16
입국심사 대에서 17
거리에서(건물) 18
방향 20
숙소에서 21
식당에서 23
쇼핑에서 29
필요한 기본 형용사 35
병원 · 약국에서 36
병명 37
시간 · 날짜 38
주일 · 계절 39
월 40
색깔 41
숫자 42
가격 43
서수 44
신체 45

CHAPTER 1 기본표현

Tip. 태국여행 5분간 오리엔테이션 48
인사하기 52
소개하기 54
안부 묻기 56
감사할 때 58
대답하기 60
미안할 때 62
부탁하기 64
거절하기 66
행동을 제약할 때 68
권유하기 70
양해 구하기 72
문제가 생겼을 때 74
질문하기 76
의문사로 물을 때 78
수를 물을 때 80
다시 한 번 물을 때 82
장소를 물을 때 84
방법을 물을 때 86

8 후다닥 여행 태국어

헤어질 때 88	물건 보관함 이용하기 128
알아두면 편리한 표현 90	세탁을 부탁할 때 130
	호텔에서 아침 식사하기 132
	호텔 체크아웃할 때 134

CHAPTER 2 기내

Tip. 여권과 비자 94
기내 서비스 요청하기 96
식사와 음료를 제공할 때 98
불편을 호소하기 100
입국신고서 작성하기 102

CHAPTER 5 식당

Tip. 태국 음식 138
비교적 고급식당에서 식사할 때 .. 140
초대에 응하여 식사할 때 142
간단하게 식사할 때 144
커피숍에서 146
술집에서 148

CHAPTER 3 공항

Tip. 도착지 공항에서 106
입국 심사할 때 108
세관 검사할 때 110
환전하기 112
마중 나온 사람이 있을 때 114
교통 이용하기 116

CHAPTER 6 교통

Tip. 교통수단 152
버스타기 156
장거리 버스타기 158
택시타기 160
기차타기(1) 162
기차타기(2) 164
비행기 좌석 예약하기 166
탑승 수속할 때 168
배를 탈 때(1) 170
배를 탈 때(2) 172

CHAPTER 4 호텔

Tip. 숙박 시설 120
예약한 호텔에서의 체크인하기 .. 122
예약 없는 호텔에서의 체크인하기 .. 124
룸 서비스 요청하기 126

차례

CHAPTER 7 관광

Tip. 관광 준비 176
관광지를 물을 때 178
혼자 여행할 때(길 묻기) 180
소재지를 물을 때 182
길을 잃었을 때 184
태국 내 단체여행 합류할 때 186
태국인과 함께 여행할 때(1) 188
태국인과 함께 여행할 때(2) 190
기타 유용한 표현 192
박물관 구경하기 194
극장 관람하기 196
화장실 찾을 때 198
사진촬영을 부탁하기 200

CHAPTER 8 쇼핑

Tip. 물건 사기 204
백화점에서 206
시장에서 208
가격 흥정하기 210
물건을 바꿀 때 212
기타 유용한 표현 214

CHAPTER 9 비즈니스&골프

Tip. 태국과 비즈니스 218
Tip. 골프장 이용 220
회사 방문할 때 222
공장 견학할 때 224
업무 상담할(1) 226
업무 상담할(2) 228
계약 체결할 때 230
접대에 응했을 때 232
전화통화 234
골프장 프런트에서 236
티업하러 가면서(1) 238
티업하러 가면서(2) 240
티업 10번 홀에서(1) 242
티업 10번 홀에서(2) 244
세컷샷 지점에서(1) 246
세컷샷 지점에서(2) 248
그린에서(1) 250
그린에서(2) 252
골프를 마치면서(1) 254
골프를 마치면서(2) 256

CHAPTER 10 공공시설

Tip. 태국의 서비스 시설 260
시내 전화 걸기 262
잘못 걸었을 때 264
부재중일 때 266
호텔 룸에서 한국으로 국제 전화 걸기 .. 268
수신자부담 전화 걸기 270
팩스 보내기 272
환전하기 274
현금서비스 받기 276
한국으로 편지 보내기 278
한국으로 소포 부치기 280
기타 유용한 표현 282

CHAPTER 11 긴급상황

Tip. 트러블 대처법 286
공항에서 짐을 찾지 못할 때 288
여권을 분실했을 때 290
지갑을 도난 당했을 때 292
병원에서(1) 294
병원에서(2) 296
진찰하는 의사가 하는 표현(1) 298
진찰하는 의사가 하는 표현(2) 300
진찰하는 의사가 하는 표현(3) 302
기타 유형 표현 304

CHAPTER 12 귀국

Tip. 귀국할 때 공항에서 308
귀국편 예약하기 310
예약 재확인하기 312
탑승 수속할 때 314
전송 인사할 때 316

Tip. 알아 두면 유용한 태국음식 ... 318

Chapter 0
그림으로 보여주는 알짜 단어

Tip 태국어 발음의 기초

기내에서	쇼핑에서	월
입국심사 대에서	필요한 기본 형용사	색깔
거리에서(건물)	병원·약국에서	숫자
방향	병명	가격
숙소에서	시간·날짜	서수
식당에서	주일·계절	신체

Tip. 발음의 기초

1 우리가 사용하는 것은 '표준 태국어' 이다.

태국은 한반도의 약 2.3배 크기의 면적을 가지고 있고, 여러 민족으로 구성된 국가로 지역에 따라 방언 및 다양한 언어가 사용되고 있다. 특히 방언 간의 차이는 대단한 것으로 서로 말이 전혀 통하지 않는 외국어와 같을 정도이다.

그러나 본서에서는 이런 방언이 아닌 태국의 어느 지역을 가더라도 뜻이 통하며 안심하고 사용할 수 있는 표준어를 사용했다.

태국어 문자는 자음 44자, 모음 32자, 그리고 성조부호 4자로 구성되어 있다.

2 태국어의 고유숫자

๑	๒	๓	๔	๕
1	2	3	4	5
๖	๗	๘	๙	๑๐
6	7	8	9	10

3 어순(語順)의 중요성

태국어의 기본문형은 「주어+동사」, 「주어+동사+체언」, 「주어+동사+목적어」의 순이고 어형변화가 없기 때문에 기본적인 모형들을 익히고 자신이 표현하고자 하는 낱말을 그에 대입하면 된다.

예] ผมเป็นคนเกาหลี   나는 한국사람입니다.
    폼   뻰   까올   리-

ผู้หญิงคนนี้สวย   이 여자는 예쁩니다.
푸- 힝 콘 니- 쑤-어이 마-ˆ

เขามีเงินมาก   그는 돈이 많이 있습니다.
카˘오 미- 응어-ㄴ 마-ˆ

4 태국어의 성조

태국어의 성조를 도표로 표시하면 다음과 같다.

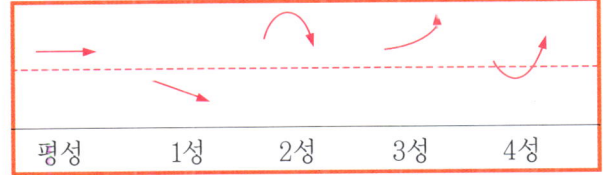

- **평성**: 평소의 보통 높이 억양으로 발음한다. 이 책에서는 「ㅡ」으로 표기했음.

- **1성**: 보통 내는 소리에서 낮아지게 발음한다. 이 책에서는 「＼」로 표기했음.

- **2성**: 보통 소리보다 높은 위치에서 시작하여 약간 올라갔다가 낮아지게 발음한다. 이 책에서는 「ㅅ」로 표기했음.

- **3성**: 평성의 위치보다 약간 높은 데서 시작하여 2성이 시작하는 데까지 올라갔다가 거의 평성의 위치까지 낮게 발음한다. 이 책에서는 「⁻」으로 표기했음.

- **4성**: 평성보다 조금 낮은 소리에서 시작하여 평성의 위치까지만 상승하며 끝음한다. 이 책에서는 「ˇ」로 표기했음.

기내에서

아래 단어를 빈칸에 넣어 보세요.

　　　　　주세요.
ขอ　　　　　หน่อยครับ(ค่ะ)
커-　　　　　너-이 크랍 (카)

물
น้ำ
남

주스
น้ำส้ม
남쏨

맥주
เบียร์
비-야

와인
ไวน์
와이

휴지
ทิชชู
팃추-

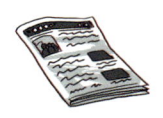

신문
หนังสือพิมพ์
낭쓰-핌

주스 주세요.
ขอ น้ำส้ม หน่อยครับ(ค่ะ)
커- 남쏨 너-이 크랍 (카)

16　후다닥 여행 태국어

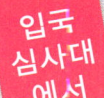

아래 단어를 빈칸에 넣어 보세요.

입국목적은? ▢ 입니다.
มา ▢ ครับ(ค่ะ)
마- 크랍 (카)

관광
เที่ยว
티-여우

비즈니스
ธุรกิจ
투라낏

공부
เรียน
리-얀

유학
เรียนต่อ
리-얀-떠-

친구방문
เยี่ยมเพื่อน
이-얌 프-언

친척방문
เยี่ยมญาติ
이-얌 야-ㅅ

거리에서 **건물**

아래 단어를 빈칸에 넣어 보세요.

| 이 어디에 있어요?
อยู่ที่ไหนครับ(คะ)
유-티- 나이 크랍 (카)

지하철 역
สถานีรถไฟ
싸타-니-롯화이

버스정류장
ป้ายรถเมล์
빠-이 롯 메-

백화점
ห้างสรรพสินค้า
하-ㅇ 쌉 파 씬 카-

서점
ร้านขายหนังสือ
라-ㄴ카-이 낭 쓰-

화장실
ห้องน้ำ
허-ㅇ 남

레스토랑
ภัตตาคาร
팟 따- 카-ㄴ

패스트푸드점
ร้านฟาสต์ฟูด
라-ㄴ화-ㅅ후-ㅅ

술집
ร้านเหล้า
라-ㄴ 라오

편의점
ร้านสะดวกซื้อ
라-ㄴ싸두-억쓰-

이 근처에 　　　　　 가 있나요?
แถวนี้มี 　　　　　 ไหมครับ(คะ)
태-우니-미- 　　　　　 마이 크랍 (카)

은행
ธนาคาร
타나-카-ㄴ

우체국
ไปรษณีย์
쁘라이 싸니-

병원
โรงพยาบาล
로-ㅇ파야-바-ㄴ

파출소
สถานีตำรวจ
싸타-니-땀루-앗

커피숍
ร้านกาแฟ
라-ㄴ까-홰-

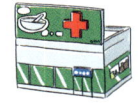

약국
ร้านขายยา
라-ㄴ 카-이야-

방향

방향
ทิศทาง
ทิศ ทาง

동쪽/서쪽/남쪽/북쪽
ตะวันออก/ตะวันตก/
ทิศใต้/ทิศเหนือ
따완어ㄱ/따왓똑/팃따이/팃느어

앞 / 뒤
ข้างหน้า/ข้างหลัง
카ㅇ나-/카ㅇ랑

오른쪽 / 왼쪽
ขวามือ/ซ้ายมือ
쿠아므-/싸-이므-

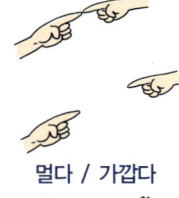

멀다 / 가깝다
ไกล/ใกล้
끌라이/끌라이

이쪽 / 그쪽 / 저쪽
ทางนี้/ทางนั้น/ทางโน้น
타-ㅇ니-/타-ㅇ난/타-ㅇ노-ㄴ

숙소에서

아래 단어를 빈칸에 넣어 보세요.

　　　　　 있어요?
มี 　　　　 ไหมครับ(ค่ะ)
มี-　　　 ม้าย ครับ (ค่ะ)

텔레비전
ทีวี
ที-วี-

인터넷PC
อินเตอร์เน็ต พีซี
인떠넷 피-씨-

전화
โทรศัพท์
토 라 쌉

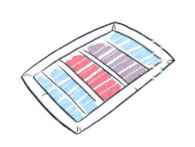

이불
ผ้าห่ม
파- 홈

전기
โคมไฟ
코- ㅁ화이

두루마리 화장지
กระดาษม้วน
끄라다-ㅅ 무-언

열쇠
กุญแจ
꾼 째-

배게
หมอน
머-ㄴ

타올
ผ้าเช็ดหน้า
파- 쳇 나-

아래 단어를 빈칸에 넣어 보세요.

숙소에서

_____ 이 어디에 있어요?

_____ อยู่ที่ไหนครับ(คะ)

유-티- 나이 크랍 (카)

비누
สบู่
싸부-

샴푸
แชมพู
채-ㅁ푸-

치약
ยาสีฟัน
야-씨-환

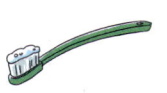

칫솔
แปรงฟัน
쁘래-ㅇ환

식당
ห้องอาหาร
허^-ㅇ아-하-ㄴ

화장실
ห้องน้ำ
허^-ㅇ 남

식당에서

음식

아래 단어를 빈칸에 넣어 보세요.

로 주세요.

ขอ　　　　หน่อยครับ(ค่ะ)

จู-　　　　 นั่-อย ค-รับ (ค่ะ)

햄버거
แฮมเบอร์เกอ
แฮ-ㅁ버-ㄲ어-

스테이크
สเต็ก
싸떽

과일
ผลไม้
폰라마이

빵
ขนมปัง
카놈빵

케익
ขนมเค้ก
카놈케-ㄱ

푸딩
พูดิ้ง
푸-딩

아이스크림
ไอสครีม
아이쓰크리-ㅁ

카레라이스
ข้าวราดแกงกะหรี่
카-우라-ㅅ깨-ㅇ까리-

식당에서

음료수

아래 단어를 빈칸에 넣어 보세요.

_____ 로 주세요.
ขอ _____ หน่อยครับ(ค่ะ)
커- 너`-이 크랍 (카̂)

찬거/따뜻한거
เย็น / ร้อน
옌 / 러́-ㄴ

커피
กาแฟ
까홰-

코코아
โกโก้
꼬-꼬́-

주스
น้ำส้ม
남́쏨́

콜라
โค้ก
코́-ㄱ

우유
นมสด
놈쏫́

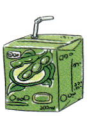

두유
น้ำถั่ว
남́투̀-어

24 후다닥 여행 태국어

식당에서 — 술/안주

아래 단어를 빈칸에 넣어 보세요.

▢ 로 주세요.
ขอ ▢ หน่อยครับ
커- 너-이 크랍

생맥주
เบียร์สด
비-야 쏫

병맥주
เบียร์ขวด
비-야 쿠-엇

위스키
วิสกี้
윗싸끼-

와인
ไวน์
와이

식당에서

식기

아래 단어를 빈칸에 넣어 보세요.

_____ 로 주세요.
ขอ _____ หน่อยครับ(ค่ะ)
커- 너`이 크랍 (카^)

숟가락
ช้อน
처-ㄴ

젓가락
ตะเกียบ
따끼-얍

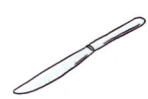

칼 (먹을 때 쓰는)
มีด
미^ㅅ

유리컵
แก้ว
깨-우

포크
ส้อม
써^ㅁ

접시
จาน
짜-ㄴ

밥그릇
ถ้วย
투^어이

식당에서 — 조미료

아래 단어를 빈칸에 넣어 보세요.

_____ 로 주세요.
ขอ _____ หน่อยครับ(ค่ะ)
커- 너-이 크랍 (คะ)

간장
น้ำปลา
남쁠라-

겨자
มัสตาด
맛쓰따-ㅅ

마늘
กระเทียม
끄라티-얌

소금
เกลือ
끌르-어

고추
พริก
프릭

소스
ซ้อส
써-ㅅ

설탕
น้ำตาล
남따-ㄴ

후추
พริกไทย
프릭타이

식초
น้ำส้ม
남쏨

식당에서 — 조미료

아래 단어를 빈칸에 넣어 보세요.

_____ 로 주세요.

ขอ _____ หน่อยครับ(ค่ะ)
커- 너`이 크랍 (캬)

와사비
มัสตาด
맛쓰따-ㅅ

참기름
น้ำมันงา
남만응아-

된장
เต้าเจี้ยว
따^오찌^-여우

식당에서 — 계산

_____ 로 계산할게요

ขอจ่ายเป็น _____ หน่อย
커- 짜`이 뻰           너`이

현금
เงินสด
응어-ㄴ쏫

카드
บัตรเครดิต
밧크레-딧

쇼핑에서

잡화/일용품

시계
นาฬิกา
นา-ลิ-กา-

안경
แว่นตา
แว๊-น ตา-

선글라스
แว่นกันแดด
แว๊-น กัน แด๊-ㅅ

핸드폰 줄
สายมือถือ
싸-이 므-트-

지갑
กระเป๋าเงิน
끄라빠오 응어-ㄴ

반지
แหวน
왜̌-ㄴ

목걸이
สร้อยคอ
싸-이 커-

팔찌
กำไลมือ
깜 라이 므-

귀걸이
ตุ้มหู
뚬 후-

쇼핑에서

잡화/일용품

담배
บุหรี่
부리-

라이터
ไฟเช็ค
화이첵

우산
ร่ม
롬

화장품
เครื่องสำอาง
크르-엉 쌈아-ㅇ

가방
กระเป๋า
끄라빠오

쇼핑에서

전자제품

데스크탑 컴퓨터
เด๊ซค์ท็อบ
เด-ˆส-ท็อบ

노트북
โน้ทบุค
โน-ˆส-บุค

핸드폰
มือถือ
ฮ-ˆต-

MP3플레이어 아이팟
เอมพีทร์ี เพลเอ๊อร์ ไอพัต
เอ-ˆม-พี-ทรี-เพล-เอ๊อ-ˆอา-ˆอี-พัต

디지털 카메라
กล้องถ่ายรูป ดิจิตอล
ฤล้-อ-ˆง-ทา-ˆอี-รู-ˆบ-ดี-ˆจี-ˆตอ-ˆน

이어폰
หูฟัง
ฮู-ˆฟัง

영화DVD
ดีวีดี หนัง
ดี-ˆวี-ดี-ˆนัง

게임소프트 DVD
ดีวีดี เกมซอฟต
ดี-ˆวี-ดี-ˆเก-ˆม-ซอ-ˆฟ-ˆต

의류

셔츠
เสื้อเชิ้ต
쓰^어처́-ㅅ

티셔츠
เสื้อยืด
쓰^어 yư̂t

와이셔츠
เสื้อเชิ้ต
쓰^어처́-ㅅ

블라우스
เสื้อมีปกของสตรี
쓰^어미́-뽁커̌-ㅇ 싸뜨리-

스웨터
สเวตเตอร์ เสื้อคลุม
싸웨^-ㅅ떠- 쓰^어크룸

양복
สูท
쑤̌-ㅅ

원피스
ชุดติดกัน
추-ㅅ띳깐

넥타이
เน็คไท
넥타이

양말
ถุงเท้า
퉁타오

쇼핑에서

의류

코트
เสื้อโค้ต
쓰̂ーㅇ코́ーㅅ

바지
กางเกง
까ーㅇ께ーㅇ

청바지
กางเกงยีนส์
까ーㅇ께ーㅇ yin

스커트
กระโปรง
끄라쁘로ーㅇ

구두
รองเท้า
러ーㅇ타오

운동화
รองเท้ากีฬา
러ーㅇ타오끼ーㄹ라ー

모자
หมวก
무̀억

형용사

쇼핑에 필요한 기본 형용사

비싸다
แพง
패-ㅇ

싸다
ถูก
투-ㄱ

크다
ใหญ่
야이

작다
เล็ก
렉

가볍다
เบา
바오

무겁다
หนัก
낙

짧다
สั้น
싼

길다
ยาว
야-우

많다
มาก
마^-ㄱ

적다
น้อย
너́-이

새롭다
ใหม่
마̀이

낡았다
เก่า
까̀-오

병원 약국에서

약
ยา
야-

소독약
ยาฆ่าเชื้อ
야-카-츠-어

감기약
ยาแก้หวัด
야-깨-왓

해열진통제
ยาแก้ไข้
야-깨-카이

소화제
ยาช่วยย่อย
야-추-어이여-이

변비약
ยาท้องผูก
야-터-ㅇ푸-ㄱ

멀미약
ยาแก้เมา
야-깨-마오

아스피린
อาสไพริน
아-쓰파이린

연고
ยาขี้ผึ้ง
야-키-픙

병원 약국 에서 / 병뭔

아래 단어를 빈칸에 넣어 보세요.

_____ 가 아파요. / _____ 예요
ปวด _____ / เป็น _____
 뿌-엇   삔

감기
ไข้หวัด
카이왓

식중독
อาหารเป็นพิษ
아-하-ㄴ뻰핏

두통
ปวดหัว
뿌-엇후-어

복통
ปวดท้อง
뿌-엇터-ㅇ

위통
ปวดกะเพาะ
뿌-엇 까퍼

치통
ปวดฟัน
뿌-엇환

변비
ท้องผูก
터-ㅇ푸-ㄱ

생리통
ปวดประจำเดือน
뿌-엇쁘라짬드-언

멀미
เมา
마오

37

아래 단어를 빈칸에 넣어 보세요.

 시간 날짜

몇 시예요? ⬜ 예요
กี่โมงแล้ว ⬜ เป็น
끼-모^-ㅇ래^-우　　　　뻰

시간 เวลา 외-라-

시, 시각	โมง	모^-ㅇ
시간	ชั่วโมง	추^어모^-ㅇ
한 시간	หนึ่งชั่วโมง	능추^어모^-ㅇ
두 시간	สองชั่วโมง	써^-ㅇ추^어모^-ㅇ
분(minute)	นาที	나-티-
초	วินาที	위나-티-
오전	ก่อนเที่ยง	꺼-ㄴ티^양
오후	ตอนบ่าย	떠-ㄴ바`이
10초	สิบวินาที	씹위나-티-
5분	ห้านาที	하^-나-티-
10분	สิบนาที	씹-나-티-
30분	ครึ่งชั่วโมง	크릉추^어모^-ㅇ

날짜 วันที่ 완티^-

일	วัน	완
하루	หนึ่งวัน	능완
저녁	ตอนเย็น	떠-ㄴ옌
밤	กลางคืน	끌라-ㅇ
정오	เที่ยง	티^양
오늘	วันนี้	완티^-
어제	เมื่อวานนี้	므^어와-^니-
내일	พรุ่งนี้	프^룽니-
오늘 아침	เมื่อเช้า	므^어차오
오늘 저녁	เย็นนี้	옌니-
오늘 밤	คืนนี้	크-ㄴ니-

38 후다닥 여행 태국어

주일 계절

무슨 요일이에요?
วันนี้วันอะไร
완 นี้-완 아라이

อาจ단어를 빈칸에 넣어 보세요.

주일 สัปดาห์, อาทิตย์ 쌉다- 아-팃		
주	สัปดาห์	쌉다-
일요일	วันอาทิตย์	완아-팃
월요일	วันจันทร์	완짠
화요일	วันอังคาร	완앙카-ㄴ
수요일	วันพุธ	완풋
목요일	วันพฤหัส	완프르핫
금요일	วันศุกร์	완쑥
토요일	วันเสาร์	완싸오
공휴일	วันหยุด	완윳
요일	วัน	완
이번 주	สัปดาห์นี้ อาทิตย์นี้	쌉다-니-, 아-팃니-
다음 주	สัปดาห์หน้า อาทิตย์หน้า	쌉다-나-, 아-팃나-
지난 주	สัปดาห์ที่แล้ว อาทิตย์ที่แล้ว	쌉다-티-래우, 아-팃티-래우

계절 ฤดู 르두-		
봄	ฤดูใบไม้ผลิ	르두-바이마이플리
여름	ฤดูร้อน	르두-러-ㄴ
가을	ฤดูใบไม้ร่วง	르두-바이마이루-엉
겨울	ฤดูหนาว	르두나-우

아래 단어를 빈칸에 넣어 보세요.

월 | 몇 월이에요?
เดือนอะไร
드-언 아 라이

	월 เดือน 드-언	
1월	มกราคม	묵까라-콤
2월	กุมภาพันธ์	쿰파-판
3월	มีนาคม	미-나-콤
4월	เมษายน	메-싸-욘
5월	พฤษภาคม	프르싸파-콤
6월	มิถุนายน	미투나-욘
7월	กรกฎาคม	까라까다-콤
8월	สิงหาคม	씽하-콤
9월	กันยายน	깐야-욘
10월	ตุลาคม	뚜라-콤
11월	พฤศจิกายน	프르싸찌까-욘
12월	ธันวาคม	탄와-콤
이번 달	เดือนนี้	드-언니-
다음 달	เดือนหน้า	드-언나-
지난 달	เดือนที่แล้ว	드-언티-래-우

아래 단어를 빈칸에 넣어 보세요.

색깔

_____를 찾아요.

หา _____ อยู่
하-   유-

색깔 สี 씨-		
■ 갈색	สีน้ำตาล	씨-남따-ㄴ
■ 검은색	สีดำ	씨-담
■ 노란색	สีเหลือง	씨-르-엉
■ 녹색	สีเขียว	씨-키-여우
■ 보라색	สีม่วง	씨-무^엉
■ 분홍색	สีชมพู	씨-촘푸-
■ 빨간색	สีแดง	씨-대-ㅇ
■ 오렌지색	สีส้ม	씨-쏨
■ 푸른색	สีน้ำเงิน	씨-남응어-ㄴ
■ 회색	สีเทา	씨-타오
□ 흰색	สีขาว	씨-카-우

숫자		
몇 개예요?		
กี่ใบ กี่อัน		
끼-바이끼-으-ㄴ		

아래 단어를 빈칸에 넣어 보세요.

숫자 ตัวเลข 뚜-어레^-ㄱ		
0	ศูนย์	쑤-ㄴ
1	หนึ่ง	능
2	สอง	써-ㅇ
3	สาม	싸-ㅁ
4	สี่	씨-
5	ห้า	하-
6	หก	혹
7	เจ็ด	쩻
8	แปด	뻬-ㅅ
9	เก้า	까오
10	สิบ	씹
11	สิบเอ็ด	씹엣
12	สิบสอง	씹써-ㅇ
13	สิบสาม	씹싸-ㅁ
14	สิบสี่	씹씨-
15	สิบห้า	씹하-
16	สิบหก	씹혹
17	สิบเจ็ด	씹쩻
18	สิบแปด	씹뻬-ㅅ
19	สิบเก้า	씹까오
20	ยี่สิบ	yi씹

아래 단어를 빈칸에 넣어 보세요.

값이 얼마예요?
ราคาเท่าไร
라-카-타̂오라̂이

	가격 ราคา 라-카-	
30	สามสิบ	싸̌-ㅁ씹
40	สี่สิบ	씨̀-씹
50	ห้าสิบ	하̂-씹
60	หกสิบ	혹씹
70	เจ็ดสิบ	쩻씹
80	แปดสิบ	빼-ㅅ씹
90	เก้าสิบ	까̂오씹
100	ร้อย	러-이
1,000	พัน	판
10,000	หมื่น	므̀-ㄴ
100,000	แสน	쌔̌-ㄴ
1,000,000	ล้าน	라-ㄴ
1/2	หนึ่งในสอง	능나이써̌-ㅇ
1/3	หนึ่งในสาม	능나이싸̌-ㅁ
1/4	หนึ่งในสี่	능나이씨̀-
2배	สองเท่า	써̌-ㅇ타̂오
3배	สามเท่า	싸̌-ㅁ타̂오
한 번	หนึ่งครั้ง	능크랑
두 번	สองครั้ง	써̌-ㅇ크랑
세 번	สามครั้ง	싸̌-ㅁ크랑
1다스	หนึ่งโหล	능로̌-
2다스	สองโหล	써̌-ㅇ로̌-

아래 단어를 빈칸에 넣어 보세요.

서수

몇 번째예요?
ครั้งที่เท่าไร
크랑티-타오라이

서수		
첫째	ครั้งที่หนึ่ง	크랑티-능
두번째	ครั้งที่สอง	크랑티-써-ㅇ
세번째	ครั้งที่สาม	크랑티-싸-ㅁ
네번째	ครั้งที่สี่	크랑티-씨-
다섯번째	ครั้งที่ห้า	크랑티-하-
여섯번째	ครั้งที่หก	크랑티-혹
일곱번째	ครั้งที่เจ็ด	크랑티-쩻
여덟번째	ครั้งที่แปด	크랑티-빼-ㅅ
아홉번째	ครั้งที่เก้า	크랑티-까오
열번째	ครั้งที่สิบ	크랑티-씹
열한번째	ครั้งที่สิบเอ็ด	크랑티-씹엣
열두번째	ครั้งที่สิบสอง	크랑티-씹써-ㅇ
열세번째	ครั้งที่สิบสาม	크랑티-씹싸-ㅁ
스무번째	ครั้งที่ยี่สิบ	크랑티-yi씹
서른번째	ครั้งที่สามสิบ	크랑티-싸-ㅁ씹
마흔번째	ครั้งที่สี่สิบ	크랑티-씨-씹
쉰번째	ครั้งที่ห้าสิบ	크랑티-하-씹
예순번째	ครั้งที่หกสิบ	크랑티-혹씹
일흔번째	ครั้งที่เจ็ดสิบ	크랑티-쩻씹
여든번째	ครั้งที่แปดสิบ	크랑티-빼-ㅅ씹
아흔번째	ครั้งที่เก้าสิบ	크랑티-까오씹
백번째	ครั้งที่ร้อย	크랑티-러-이

아래 단어를 빈칸에 넣어 보세요.

신체 ร่างกาย ร่-่างกา-่ย

머리 หัว หัว-เออ
이마 หน้าผาก น้า-พา-ก

눈 ตา ตา-
귀 หู ฮู้-
코 จมูก จามู่-ก

목 คอ คอ-
목구멍 หลอดอาหาร ร่-ส่อา-ฮั่น

가슴 หน้าอก น่า-อก
간장 ตับและไส้ ตับแลซ่าย
심장 หัวใจ ฮั่ว-เอจาย
어깨 ไหล่ ลาย
등 หลัง รัง

허리 เอว เอ-ว

팔 แขน แค่-น
손 มือ ม-
손목 ข้อมือ คอ-ม-
손가락 นิ้วมือ นิ้วม-

다리 ขา คา-
무릎 เข่า คาโอ
발 เท้า ตาโอ
발목 ข้อเท้า คอ-ตาโอ
발가락 นิ้วเท้า นิ้วตาโอ

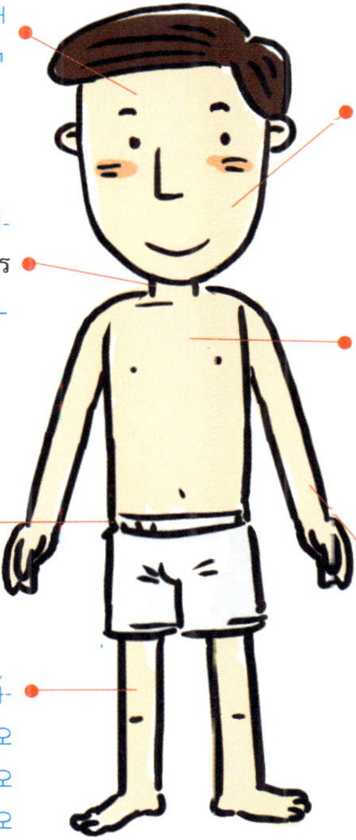

Chapter 01 기본 표현

Tip 태국여행 5분간 오리엔테이션

인사하기	거절하기	수를 물을 때
소개하기	행동을 제약할 때	다시 한 번 물을 때
안부 묻기	권유하기	장소를 물을 때
감사할 때	양해 구하기	방법을 물을 때
대답하기	문제가 생겼을 때	헤어질 때
미안할 때	질문하기	알아두면 편리한 표현
부탁하기	의문사로 물을 때	

Tip. 태국여행 5분간 오리엔테이션

태국에 관한 기초 상식

흔히 '자유의 나라' 혹은 '미소의 나라' 라고 불리우는 태국은 동남아시아 중앙에 위치해 있는 불교국가로 우리나라와는 1958년 공식 외교관계가 수립된 이후 오랫동안 다방면에 걸쳐 지속적인 우호관계를 유지해오고 있다. 또한 1990년대 이후 10% 내외의 경제성장률을 유지해오면서 신흥공업국으로 각광을 받아오고 있으며, 이에 따라 최근 10여년간 무역 및 경제관계 그리고 관광분야에 있어서 우리나라와의 관계가 한층 활성화되었다.

다음은 태국을 여행하기 전에 꼭 알아두어야 할 여행 기초 상식들이니 미리 한번 살펴두도록 하자.

공식명칭 태국왕국(Kingdom of Thailand)
인구 6,400만명, 한국교민 수는 약 20,000명으로 추산
면적 513,115㎢(한반도의 2.5배)
수도 방콕(953만명)
종족 타이족이 주류를 이루고 있으며, 중국계 태국인이 약 1,000만명, 남부 말레이시아 국경지역에 이슬람교를 믿고 있는 무슬림이 약 240만명, 그리고 북부 산악지역에 다양한 고산족이 거주하고 있음.
언어 태국어가 표준어로 사용되며 대도시를 중심으로 영어도 폭넓게 사용된다. 남부, 동북부, 북부지역에는 방언이 널리 사용되지만 표준어를 사용하면 의사소통에 문제가 없다.
종교 불교(90%), 이슬람교(4%), 기독교, 힌두교
정치·의회형태 입헌군주제, 의원내각제
국가원수/정부수반 국왕/총리

화폐단위 바트(Baht) 1바트는 우리 돈 약 30원 정도에 해당되며, 보조통화로 싸땅(satang)이 있는데 1바트는 100싸땅이다.
행정구역 총 76개 주(州)

태국의 지형

태국의 지형을 일컬어 '코끼리 머리' 혹은 '자루달린 도끼'라 칭하며 방콕을 중심으로 한 중앙의 평원지대, 북부 및 동북부의 산악지대, 남부의 해안지대 등으로 나뉘어 다양한 자원을 가지고 있으며 특히 쌀 생산량은 세계 1위이다.

태국의 지역구분

- 중부지역 : 대부분 평원지대로 수도 「방콕」이 위치해 있고, 방콕에서 약 200여 ㎞ 떨어진 곳에 세계적으로 유명한 「팟타야」해변, 그리고 고도(古都)인 「아유타야」와 우리에게 영화 '콰이강의 다리'로 잘 알려진 「깐짜나부리」가 있다.
- 북부지역 : 미얀마와 국경을 접하고 있으며 태국 제 2의 도시이자 미인이 많기로 유명한 「치앙마이」와 '황금의 삼각지대'(Golden Triangle)로 유명한 「치앙라이」, 그리고 고도인 「쑤코타이」가 있다.
- 동북부지역 : 라오스와 캄보디아를 국경으로 하고 있으며 「컨깬」, 「우본랏차타니」 등의 대도시가 있다.
- 남부지역 : 말레이시아와 국경을 접하고 있는 해변지역으로 「푸껫」, 「팡아」, 「싸무이」 섬은 이 지역 최대의 해안 휴양지로 유명하다.

Tip. 태국여행 5분간 오리엔테이션

태국의 기후
열대성 기후로 1년 내내 기온이 높다. 연평균 기온이 27~28℃이며 계절은 여름(3월~5월), 우기(6월~11월) 그리고 겨울(12월~2월) 등 세 계절로 나뉜다. 특히 4월은 1년중 가장 더워 기온이 40℃가 넘는 날이 많다. 덥지도 않고 비가 내리지도 않는 겨울이 여행에 가장 적당한 시기이며, 북부나 동북부의 산간지역을 여행할 때는 아침·저녁으로 꽤 쌀쌀하므로 긴 옷을 준비해 가는 것이 좋다.

1인당 GNP
2,600 달러(2008년 기준)

한국과의 시차
2시간 늦음. (한국시간 오전 10시는 태국시간 오전 8시에 해당)

사용전압
220V

영업 및 근무시간
· 일반직장 및 공공기관 :
  주 5일 근무(월~금), 오전 8시 30분~오후 4시 30분
· 은행 : 오전 8시 30분~오후 3시 30분(토·일요일 휴무)
· 백화점 : 오전 10시~오후 9시

주요 공휴일 및 명절
- 1월 1일 　　　　　신정
- 1월 16일 　　　　　스승의날
- 2월　　　　　　　　구정
- 　　　　　　　　　 만불절(萬佛節)
- 4월 6일 　　　　　 짝끄리의 날(현 랏따나꼬씬 왕조 창건일)
- 4월 13일~15일 　　쏭끄란(태국식 설날)
- 4월 15일(음력) 　　석가탄신일
- 5월 1일 　　　　　 노동절
- 5월 5일 　　　　　 푸미폰 현 국왕의 대관식 기념일
- 5월 10일 　　　　　춘경제(春耕祭)
- 7월 29일 　　　　　배불식(拜佛式)
- 7월 　　　　　　　 스님 입사일
- 8월 12일 　　　　　왕비탄생일
- 10월 23일 　　　　 5대왕 쭐라롱껀대왕 탄생을
- 10월 　　　　　　　스님출사일
- 11월 　　　　　　　러이끄라통일
- 12월 5일 　　　　　국왕탄생일
- 12월 10일 　　　　 헌법의 날
- 12월 31일 　　　　 연말

기본 표현: 인사할 때

안녕하십니까? (남성)

안녕하세요! (여성)

또 만납시다.

내일 만납시다.

행운을 빕니다.

평안하십니까?

일이 바쁘세요?

어떠세요?

สวัสดีครับ
싸왓 디 - 크랍

สวัสดีค่ะ
싸왓디 - 카

พบกันใหม่ครับ
폽 깐 마이 크랍

พบกันพรุ่งนี้ค่ะ
폽 깐 프룽 니 - 카

โชคดีครับ
초-ㄱ 디 - 크랍

สบายดีหรือครับ
싸 바-이 디 - 르 - 크랍

งานยุ่งไหมครับ
응아-ㄴ 융 마이 크랍

เป็นอย่างไรบ้างครับ
뻰 야-ㅇ 라이 바-ㅇ 크랍

기본 표현: 소개할 때

저는 김영성이라고 합니다.

당신의 성은 무엇입니까?

제 성은 김이고 이름은 영성입니다.

당신의 이름은 무엇입니까?

이 분은 Mr. 박입니다.

당신을 알게 되어 매우 기쁩니다.

제가 이분을 소개할게요.

저는 한국사람입니다.

ผมชื่อ คิม ยอง ซอง ครับ
พ̌ม ชื̂- คิม ยอ́-ㅇ ซอ́-ㅇ ค̂รับ

คุณนามสกุลอะไรครับ
คุ̌น นา-ㅁ ซั̀- กุ̌น อ̀า ราย ค̂รับ

นามสกุล คิม ชื่อ ยองซอง ครับ
นา-ㅁ ซั̀ กุ̌น คิม ชื̂- ยอ́-ㅇ ซอ́-ㅇ ค̂รับ

คุณชื่ออะไรครับ
คุ̌น ชื̂- อ̀า ราย ค̂รับ

คนนี้ชื่อคุณ ปัก
คน นี́- ชื̂- คุ̌น พั̀ก

ดีใจที่ได้รู้จักคุณ
ดี-จ̌ายเต̂-ดา̂ย รู̂- จั̀ก คุ̌น

ผมขอแนะนำคนนี้ให้รู้จัก
พ̌ม ค̌อ- แน́ นัม คน นี́- ฮ̂าย รู̂- จั̀ก

ผมเป็นคนเกาหลี
พ̌ม เป็น คน เกา ลี̌-

기본 표현: 안부 물을 때

평안하십니까? (별고 없으세요?)

평안합니다. 감사합니다.

당신은요?

요즘 어떠십니까?

요즘 일이 바쁘세요?

사업이 어떠십니까?

그저 그렇습니다.

바쁩니다./안 바빠요.

สบายดีหรือครับ
싸바-이 디- 르̌- 크랍

สบายดี ขอบคุณค่ะ
싸바-이 디- 커̀ㅂ 쿤 카̂

แล้วคุณล่ะ
래́우 쿤 라̂

ตอนนี้เป็นอย่างไรบ้างครับ
떠-ㄴ 니́- 뻰 야̀-ㅇ 라이 바̂-ㅇ 크랍

ตอนนี้มีงานยุ่งไหม
떠-ㄴ 니́-미- 응아-ㄴ 융̂ 마̌이

ธุรกิจเป็นอย่างไรบ้างครับ
투 라 낏́ 뻰 야̀-ㅇ 라이 바̂-ㅇ 크랍

เรื่อย ๆ ครับ
르-어̂이르-어̂이크랍

ยุ่งครับ / ไม่ยุ่งครับ
융̂ 크랍   마̂이 융̂ 크랍

기본 표현: 감사 표현할 때

고맙습니다.

대단히 감사합니다.

도움을 주셔서 감사합니다.

초청해 주셔서 감사합니다.

염려해 주셔서 감사합니다.

오늘 폐 많이 끼쳤습니다.

괜찮습니다.

별것 아닙니다.

ขอบคุณครับ
커ㅂ 쿤 크랍

ขอบพระคุณครับ
커ㅂ 프라 쿤 크랍

ขอบคุณมากที่ช่วยเหลือ
커ㅂ 쿤 마ㄱ 티- 추-어이 르-어

ขอบคุณมากที่เชิญมาร่วมงาน
커ㅂ 쿤 마ㄱ 티- 척-ㄴ 마- 루-엄 응아-ㄴ

ขอบคุณที่เป็นห่วง
커ㅂ 쿤 티- 뻰 후-엉

วันนี้มารบกวนมากนะครับ
완 니- 마- 롭 꾸-언 마-ㄱ 나 크랍

ไม่เป็นไรครับ
마이 뻰 라이 크랍

เป็นเรื่องเล็กน้อยค่ะ
뻰 르-엉 렉 너-이 카

기본 표현 — 대답할 때

그렇습니까?

예.

아니오.

맞습니다.

옳지 않습니다.

이해했습니다.

알겠습니다.

모르겠습니다.

ใช่ไหมครับ

차이 마이 크랍

ใช่ค่ะ

차이 카

ไม่ใช่ค่ะ

마이 차이 카

ถูก

투-ㄱ

ไม่ถูก

마이투-ㄱ

เข้าใจแล้วครับ

카오 짜이 래-으 크랍

ทราบ

싸-ㅂ

ไม่ทราบ

마이 싸-ㅂ

기본 표현 — 미안할 때

미안합니다.

죄송합니다.

대단히 죄송합니다.

참으로 미안합니다.

미안합니다, 폐 많이 끼쳤습니다.

용서하세요, 제가 늦었습니다.

미안합니다. 당신을 오래 기다리게 했습니다.

괜찮습니다.

ขอโทษครับ
커- 토-ㅅ 크랍

ขออภัยค่ะ
커- 아파이 카

ขอโทษมากครับ
커- 토-ㅅ 마-ㄱ 크랍

ขอโทษจริง ๆ
커- 토-ㅅ 찡 찡

ขอโทษที่รบกวนคุณมาก
커- 토-ㅅ 티- 를 꾸-언 쿤 마-ㄱ

ขออภัยที่ผมมาสาย
커- 아파이 티- 폼 마- 싸-이

ขอโทษที่ทำให้คุณรอนาน
커- 토-ㅅ 티- 탐하이 쿤 러- 나-ㄴ

ไม่เป็นไรค่ะ
마이 뺀 라이 카

기본 표현: 부탁할 때

밥을 먹고 싶습니다.

타이 실크를 원합니다.

저것을 원합니다.

이것(저것)으로 주세요.

좀 좋은 것을 원합니다.

(표) 두 장 주세요.

물 좀 주세요.

앉으세요.

| 기본표현 |

| 기내 | 공항 | 호텔 | 식당 | 교통 | 관광 | 쇼핑 | 비즈니스&출장 | 공공시설 | 긴급상황 | 귀국 |

อยากจะทานข้าว
야-ㄱ 짜 타-ㄴ 카-우

ต้องการผ้าไหมไทย
떠-ㅇ 까-ㄴ 파- 마이 타이

ต้องการอันโน้น
떠-ㅇ 까-ㄴ 안 노-ㄴ

ขออันนี้(อันโน้น)
커- 안 니- (안 노-ㄴ)

อยากได้ของดีหน่อย
야-ㄱ 다이 커-ㅇ 디- 너-이

ขอ(ตั๋ว)สองใบ
커- (뚜-어) 써-ㅇ 바이

ขอน้ำหน่อย
커- 남 너-이

เชิญนั่งครับ
처-ㄴ 낭 크랍

65

기본 표현 — 거절할 때

그곳에 가고 싶지 않습니다.

당신 이것을 원하십니까?

원합니다.

원하지 않습니다.

술 드시겠습니까?

아니오(원치 않습니다).

저는 좋아하지 않습니다.

갈 수 없어요.

ไม่อยากไปที่นั่น
마이 야-ㄱ 빠이 티- 난

คุณต้องการอันนี้ไหม
쿤 떠-ㅇ 까-ㄴ 안 니- 마이

อยาก, เอา
야-ㄱ 아오

ไม่อยาก, ไม่เอา
마이 야-ㄱ 마이 아오

เอาเหล้าไหมคะ
아오 라오 마이 카

ไม่เอาครับ
마이 아오 크랍

ผม(ดิฉัน)ไม่ชอบ
폼 (디 챤) 마이 처-ㅂ

ไปไม่ได้ครับ
빠이 마이 다이 크랍

기본 표현: 행동을 제약할 때

경찰서에 가야 합니다.

아침 9시까지 그곳에 도착해야 합니다.

30분 안에 들어와야 합니다.

예약해야 합니까?

금연!

물건을 살 필요가 없습니다.

그곳에 갈 필요가 없습니다.

큰 소리 내지 마세요.

ต้องไปสถานีตำรวจ
떠-ㅇ 빠이 싸타- 니- 땀루-엇

ต้องถึงที่นั่นก่อนเก้าโมงเช้า
떠-ㅇ 틍 티- 난 꺼-ㄴ 까오 모-ㅇ 차오

ต้องกลับมาภายในสามสิบนาที
떠-ㅇ 끄랍 마- 파-이 나이 싸-ㅁ 씹 나- 티-

ต้องจองไหมครับ
떠-ㅇ 쩌-ㅇ 마이 크랍

ห้ามสูบบุหรี่
하-ㅁ 쑤-ㅂ 부리-

ไม่ต้องซื้อของ
마이 떠-ㅇ 쓰- 커-ㅇ

ไม่ต้องไปที่นั่น
마이 떠-ㅇ 빠이 티- 난

อย่าเสียงดัง
야- 씨양 당

기본 표현 — 권유할 때

편히 하십시오.

들어오세요.

드십시오.

이쪽으로 가십시오.

앉으세요.

잠시만 기다리십시오.

들어 가세요.

마시세요.

เชิญตามสบายครับ
츠ㅓ-ㄴ 따-ㅁ 싸 바-이 크랍

เชิญเข้ามาครับ
츠ㅓ-ㄴ 카오 마-- 크랍

เชิญทานค่ะ
츠ㅓ-ㄴ 타-ㄴ 카

เชิญทางนี้ครับ
츠ㅓ-ㄴ 타-ㅇ 니- 크랍

เชิญนั่งค่ะ
츠ㅓ-ㄴ 낭 카

กรุณารอสักครู่
까루나- 러- 싹 크루-

เชิญเข้าไป
츠ㅓ-ㄴ 카오 빠이

เชิญดื่มครับ
츠ㅓ-ㄴ 드-ㅁ 크랍

기본 표현 — 양해를 구할 때

(안에) 들어가도 됩니까?

여기서 사진 찍어도 좋습니까?

전화를 좀 빌릴 수 있어요?

신용카드를 이용할 수 있나요?

담배 피워도 됩니까?

여기에 앉아도 됩니까?

좀 볼 수 있을까요?

됩니다./안 됩니다.

เข้าไป(ข้างใน)ได้ไหมครับ
คาโอ ppาอี คา-o นาอี ดาอี มาอี 크랍

ถ่ายรูปที่นี่ได้ไหมคะ
ท่า-이루-ㅂ 티-니-다이 마이 카

ขอใช้โทรศัพท์ได้ไหม
커- 차이 토- 르- 쌉 다이 마이

ใช้บัตรเครดิตได้ไหม
차이 밧 크레- 딧 다이 마이

สูบบุหรี่ได้ไหมครับ
쑤-ㅂ 부리- 다이 마이 크랍

นั่งที่นี่ได้ไหมคะ
낭 티-니-다이 마이 카

ขอดูหน่อยได้ไหม
커- 두- 너이 다이 마이

ได้/ไม่ได้
다이 / 마이 다이

기본 표현: 문제가 생겼을 때

어떻게 하면 좋을까요?

제 짐을 찾지 못했어요.

경찰(의사) 좀 불러주세요.

제 지갑(여권)을 잃어버렸어요.

가방을 도둑맞았어요.

길을 잃어버렸어요.

도와주세요.

배(머리, 이)가 아파요.

ทำอย่างไรดีล่ะ
탐 아-ㅇ 라디디-라

ผมยังไม่ได้รับของ
폼 양 마디 디어 랍 커-ㅇ

ช่วยเรียกตำรวจ(หมอ)หน่อย
추-어이 리-약 땀루-엇 (머-) 너-이

ผมทำกระเป๋าถือ(หนังสือเดินทาง)หาย
폼 탐 끄라빠오 트- 낭 쓰- 덕-ㄴ 타-ㅇ 하-이

ถูกขโมยกระเป๋า
투-ㄱ 카 모-이끄라 빠오

หลงทาง
롱 타-ㅇ

ช่วยด้วย
추-어이두-어이

ปวดท้อง(หัว, ฟัน)
뿌-엇 터-ㅇ (후-어, 환)

기본 표현 — 질문할 때

빈 방 있습니까?

흰 셔츠가 있습니까?

이보다 좀 더 큰 것이 있습니까?

찬물 있습니까?

이 자리에 앉을 사람이 있습니까?

이 근처에 공중전화가 있습니까?

다른 색깔 있습니까?

오늘 저녁 시간 있습니까?

มีห้องว่างไหม
미- 허-o 와-o 마이

มีเสื้อเชิ้ตสีขาวไหม
미- 쓰-어 척-ㅅ씨- 카-우 마이

มีขนาดเล็กกว่านี้ไหม
미- 카 나-ㅅ 렉 꽈- 니- 마이

มีน้ำเย็นไหม
미- 남 옌 마이

ที่นี่มีคนนั่งไหม
티-니-미- 콘 낭 마이

แถวนี้มีโทรศัพท์สาธารณะไหม
태-우 니- 미- 토- 라 쌉 싸- 타- 라나 마이

มีสีอื่นไหม
미-씨-으-ㄴ 마이

เย็นนี้มีเวลาว่างไหม
옌니- 미- 왤- 라- 와-o 마이

기본 표현 — 의문사로 물을 때

누구에게 물어야 좋을까요?

당신의 집은 어디입니까?

저것은 누구의 물건입니까?

무슨 일 있습니까?

우리 어디에서 만날까요?

언제 만나면 좋을까요?

무슨 음식을 좋아하시죠?

왜 이렇게 비쌉니까?

ถามใครดีล่ะ
타-ㅁ 크라이디-라

บ้านคุณอยู่ที่ไหน
바-ㄴ 쿤 유- 티- 나이

นั่นของใคร
난 커-ㅇ 크라이

มีธุระอะไร
미- 투라 아 라이

เราจะพบกันที่ไหน
라오 짜 폽 깐 티- 나이

พบเมื่อไรดีล่ะ
폽 므-어 라이디-라

ชอบอาหารอะไร
처-ㅂ 아- 하-ㄴ 아 라이

ทำไมแพงอย่างนี้
탐 마이 패-ㅇ 야-ㅇ 니-

기본 표현 수를 물을 때

얼마입니까?

여기서 공항까지 시간이 얼마나 걸립니까?

당신은 태국에서 얼마나 머무르실 예정입니까?

저 건물은 얼마나 높습니까?

올해 나이가 몇입니까?

그 차 안에는 몇 사람이 앉을 수 있습니까?

이 사원은 지은 지 얼마나 됩니까?

당신은 형제가 몇입니까?

เท่าไรครับ
타오 라이 크랍

จากที่นี่ถึงสนามบินใช้เวลาเท่าไร
짜-ㄱ 티- 니- 틍 싸나-ㅁ 빈 차이 왜-라- 타오 라이

คุณจะอยู่ประเทศไทยนานเท่าไร
쿤 짜 유- 쁘라테-ㅅ 타이 나-ㄴ 타오 라이

ตึกโน้นสูงเท่าไร
뜩 노-ㄴ 쑤-ㅇ 타오 라이

ปีนี้อายุเท่าไร
삐-니-아-유 타오 라이

ในรถคันนั้นนั่งได้กี่คน
나이 롯 칸 난 낭 다이까- 쿈

วัดนี้สร้างมานานเท่าไร
왓 니- 싸-ㅇ 마- 나-ㄴ 타오 라이

คุณมีพี่น้องกี่คน
쿤 미-피- 너-ㅇ까- 쿈

기본 표현 — 다시 한번 물을 때

죄송하지만, 잘 이해하지 못했습니다.

저는 태국어(영어)를 할 줄 모릅니다.

좀 천천히 말씀해 주세요.

좀 써 주실 수 있나요?

잘못 알아들었는데 다시 한번 말씀해 주세요.

한국어를 하실 줄 아십니까?

여기에 한국어를 하는 분이 있습니까?

잘 듣지 못했습니다.

ขอโทษฟังไม่เข้าใจครับ
커- 토-ㅅ 황 마이 카오 짜이 크랍

ผมพูดภาษาไทย(ภาษาอังกฤษ)ไม่ได้
폼 푸-ㅅ 피- 싸- 타이 (피- 싸- 앙끄릿) 마이다이

กรุณาพูดช้า ๆ หน่อย
까루나- 푸-ㅅ 차- 차- 너-이

ช่วยจดให้หน่อยได้ไหม
추-어이 쫏 하이 너-이 다이 마이

ฟังไม่เข้าใจ กรุณาพูดอีกครั้งหนึ่ง
황 마이카오 짜이 까루나- 푸-ㅅ 이-ㄱ 크랑 능

พูดภาษาเกาหลีได้ไหม
푸-ㅅ 피- 싸- 까오리- 다이 마이

ที่นี่มีใครพูดภาษาเกาหลีได้ไหม
티-니-미- 크라이 푸-ㅅ 피- 싸- 까오리- 다이 마이

ฟังไม่ทันครับ
황 마이 탄 크랍

기본 표현: 장소를 물을 때

말씀 좀 묻겠습니다.

죄송합니다만 화장실이 어디지요?

저는 방콕은행에 가고 싶은데 어떻게 가지요?

실례지만, 이 근처에 우체국이 어디있습니까?

실례지만, 저에게 알려주시겠어요?

당신은 집이 어디입니까?

멉니까?

가깝습니까?

ขอถามหน่อย
커- 타ˇㅁ 너ˋ이

ขอโทษห้องน้ำอยู่ที่ไหนครับ
커- 토ˆㅅ 허ˆㅇ 남 유ˋ- 티ˆ- 나ˇ이 크랍

ผมอยากไปธนาคารกรุงเทพไปอย่างไรครับ
폼 야ˋ-ㄱ 빠이 타나- 카ˉ-ㄴ 끄롱테ˆ-ㅂ 빠이 야ˋㅇ 라ㄱ이 크랍

ขอโทษแถวนี้ไปรษณีย์อยู่ที่ไหน
커- 토ˆㅅ 태ˇ우 니ˊ- 쁘라이싸ˇ 니- 유ˋ- 티ˆ- 나ˇ이

ขอโทษช่วยบอกให้ผมทราบด้วย
커- 토ˆㅅ 추ˆ어이 버ˋ-ㄱ 하ˆ이 폼 싸ˆ-ㅂ 두ˆ어이

บ้านคุณอยู่ที่ไหน
바ˆ-ㄴ 쿤 유ˋ- 티ˆ- 나ˇ이

ไกลไหมครับ
끄라이 마ˇ이 크라ˊ

ใกล้ไหมครับ
끄라이 마ˇ이 크랍

기본 표현: 방법을 물을 때

싸얌호텔로 가려면 어떻게 갑니까?

어떻게 해야 좋을까요?

이 음식은 어떻게 먹습니까?

이 글자는 어떻게 읽나요?

한국으로 전화를 어떻게 거나요?

그곳은 어떻습니까?

내일은 날씨가 어떻습니까?

요즘 사업이 어떠십니까?

ไปโรงแรมสยามอย่างไร
빠이 로-ㅇ 래-ㅁ 싸 야-ㅁ 야-ㅇ 라이

ทำยังไงดีล่ะ
탐 양 응아이디-라-

อาหารนี้ทานอย่างไรครับ
아- 하-ㄴ 니- 타-ㄴ 야-ㅇ 라이 크랍

ตัวอักษรนี้อ่านอย่างไร
뚜-어 악 싸-ㄴ 니- 아-ㄴ 야-ㅇ 라이

โทรไปประเทศเกาหลีอย่างไร
토- 빠이 쁘라테-ㅅ 까오리- 야-ㅇ 라오

ที่นั่นเป็นอย่างไร
티- 냔 뻰 야-ㅇ 라이

พรุ่งนี้อากาศเป็นอย่างไร
프룽 니- 아- 까-ㅅ 뻰 야-ㅇ 라이

เดี๋ยวนี้ธุรกิจเป็นอย่างไรบ้าง
디-아우 니- 투라 낏 뻰 야-ㅇ 라이 바-ㅇ

기본 표현: 헤어질 때

안녕히 가세요(계세요).

또 봅시다.

잠시 후에 봅시다.

한국에 오신 걸 환영합니다.

안전한 여행 되세요.

행운을 빕니다.

다시 만날 때까지 행복하세요.

다시 뵐 수 있기를 바랍니다.

สวัสดีครับ
싸왓 디- 크랍

พบกันใหม่ครับ
폽 깐 마이 크랍

เดี๋ยวพบกันใหม่
디야우 폽 깐 마이

ยินดีต้อนรับมาสู่ประเทศเกาหลี
yin 디- 떠-ㄴ 랍 마- 쑤- 쁘라테-ㅅ 까오리-

ขอให้เดินทางโดยสวัสดิภาพ
커- 하이 더-ㄴ 타-ㅇ 도-이 싸왓 디 파-ㅂ

โชคดีนะครับ
초-ㄱ 디- 나 크랍

ขอให้มีความสุขจนกว่าจะพบกันอีกนะครับ
커- 하이미- 콰-ㅁ 쑥 쫀 꽈- 짜 폽 깐 이-ㄱ 나 크랍

หวังว่าจะได้พบกันอีก
왕 와- 짜 다이 폽 깐 이-ㄱ

기본 표현 — 알아두면 편리한 표현

너무 좋습니다.

충분합니다.

별말씀을요. (괜찮습니다.)

진정하세요.

문제없습니다.

어려워하지 마세요.

편하실 대로 하세요.

건강하세요.

ดีมาก ๆ
디-마[̂]ㄱ마[̂]ㄱ

พอแล้ว
퍼- 래[́]우

ไม่เป็นไร
마[̂]이 뻰 라^이

ใจเย็น ๆ
짜이 옌 옌

ไม่มีปัญหา
마[̂]이 미- 빤 하[̌]-

ไม่ต้องเกรงใจ
마[̂]이 떠[̂]ㅇ 끄레-ㅇ짜이

ตามสบาย, เป็นกันเอง
따-ㅁ 싸바[̀]-이 뻰 깐 에-ㅇ

ขอรักษาสุขภาพให้ดีนะครับ
커[̌]- 락 싸[̌]- 쑥카파[̂]-ㅂ 하[̂]이 디- 나[́] 크랍

Chapter 02 기내

Tip 여권과 비자

기내 서비스 요청하기
식사와 음료를 제공할 때
불편을 호소하기
입국신고서 작성하기

Tip. 여권과 비자

해외로 여행을 떠나기 전에 미리 준비해야 하는 것으로는 여권과 비자 그리고 항공 또는 선박 등의 표이다. 특히, 장기간 여행하고자 하는 사람은 반드시 2·3개월 전부터 여행일정을 계획하고, 적어도 한달 전부터 여권이나 비자수속을 밟는 것이 좋다.

여권(PASSPORT)

국내에서 주민등록증이 자신의 신분을 증명한다면 국외에서는 여권이 신분증이다. 따라서, 해외 여행시 돈보다도 더욱 중요한 것이 바로 여권인 것이다. 해외 여행을 준비하는 첫 단계는 여권을 발급받는 일인데, 여권은 광화문에 위치한 외무부 여권과나, 서울의 종로·서초·영등포·노원구청 또는 각 시도의 시청이나 도청에서 발급해 준다. 여권의 종류는 신분에 따라 관용·외교관 그리고 일반여권으로 나뉘는데, 일반 관광객은 대개 유효기간이 5년인 「일반 복수여권」을 발급받으면 된다. 여권 신청은 본인이 직접하거나 여행사에 약간의 수수료를 주고 대행받을 수도 있다.

비자(VISA)

대한민국의 국민으로서 출국을 허가하는 것이 외무부에서 여권을 발급해 주는 것이라면, 방문하고자 하는 나라에서 입국을 허가하는 것이 바로 비자를 발급해 주는 것이다.

우리나라는 태국 방문시 여행증명서만으로 비자없이 90일까지 체류할 수 있다.

방문객은 반드시 항공기나 500톤 이상의 선박과 같은 여객 교통 수단을 이용하여 태국에 입국하거나 입국심사구역 또는 말레이시아와

의 국경선에 있는 심사구역 등을 거쳐 입국해야 한다. 또한 여객기, 선박, 기차, 버스, 택시, 전세버스, 모터 싸이클 등의 교통수단을 사용해서 입국할 수도 있는데 필히 다음의 조건을 갖추어야 한다.

1. 완불된 탑승권 또는 지정된 기간내에 태국에서 출국하는데 사용할 교통수단에 사용되는 기타 서류
2. 지정된 기간 내에 태국을 떠나는데 필요한 완불예약된 교통편 증빙서류 단, 버스, 대여 자동차, 관광 버스, 모터 싸이클 등을 이용하여 국경을 통과하는 말레이시아 국적의 여행객은 상기의 1. 2. 조건을 따르지 않아도 된다.

위 조건을 갖춘 자는 입국 날로부터 90일까지 체류 가능하며 부득이하게 체류기간을 연장할 경우에는 자국의 태국 대사관으로부터 입국 비자를 취득해야 한다. 태국 대사관이 없는 경우는 인접한 국가의 태국 대사관을 이용한다.

기내 — 기내 서비스 요청할 때

제 좌석은 어디입니까?

보딩패스 좀 보여주세요.

손님 좌석은 우측 복도편입니다.

실례지만 화장실이 어디입니까?

한국신문 좀 주세요.

콜라 주세요.

방콕까지 몇시간 걸립니까?

맥주 한병 주세요.

ที่นั่งผมอยู่ที่ไหนครับ
E͜-나͡ㅇ 폼 유- E͜- 나ʹ이 크랍

ขอดูบัตรขึ้นเครื่องบินหน่อยครับ
쥐- 두- 밧 크͡ㄴ 크르͡ㅇ-엉 빈 너ʹ이 크랍

ที่นั่งของท่านอยู่ทางเดินด้านขวา
E͜-나͡ㅇ 커-ㅇ 타-ㄴ 유- 타-ㅇ 더-ㄴ 다ʹ-ㄴ 콰-

ขอโทษห้องสุขาอยู่ที่ไหนครับ
쥐- 토-ㅅ 허ʹ-ㅇ 쑤 카- 유- E͜- 나ʹ이 크랍

ขอหนังสือพิมพ์เกาหลีหน่อย
쥐- 낭 쓰- 핌 까오리- 너ʹ이

ขอโค๊กหน่อยครับ
쥐- 코-ㄱ 너ʹ이 크랍

ถึงกรุงเทพฯใช้เวลาเท่าไร
틍 끄룽 테-ㅂ 차이와-라- 타오 라이

ขอเบียร์ขวดหนึ่งครับ
쥐- 비-야 쿠-엇 능 크랍

기내 — 식사와 음료를 제공할 때

실례합니다. 식사하시겠습니까?

예. 뭐가 있습니까?

소고기와 닭고기가 있습니다.

소고기 주세요.

실례지만 탁자 좀 내려주시겠습니까?

알겠습니다.

어떤 음료를 드시겠습니까?

오렌지 주스 주세요.

ขอโทษจะรับอาหารไหมคะ
커- 토-ㅅ 짜 랍 아- 하-ㄴ 마이 카

มีอะไรบ้างครับ
미- 아- 라이 바-ㅇ 크랍

มีเนื้อและไก่ค่ะ
미- 느-어 래 까이 카

ขอเนื้อครับ
커- 느-어 크랍

ขอโทษ กรุณาเปิดโต๊ะหน่อยค่ะ
커- 토-ㅅ 까루나- 뻐-ㄷ 또 너-이 카

ได้ครับ
다이 크랍

คุณจะรับเครื่องดื่มอะไรคะ
쿤 짜 랍 크르-엉 드-ㅁ 아 라이 카

ขอน้ำส้มครับ
커- 남 쏨 크랍

기본표현

기내

공항

호텔

식당

교통

관광

쇼핑

비즈니스&골프

공공시설

긴급상황

귀국

기내 - 불편을 호소할 때

제 몸이 좋지 않습니다.

어디가 불편하신데요?

열이 납니다. 두통약 있습니까?

있습니다. 갖다 드릴게요.

물 한 잔도요.

토할 것 같은데요.

비행기 멀미 같아요. 봉투 있습니까?

손님 좌석 앞의 주머니에 있습니다.

ผมไม่ค่อยสบาย
폼 마이 커-이 싸 바-이

เป็นอะไรคะ
뻰 아 라이 카

รู้สึกมีไข้ มียาแก้ปวดหัวไหมครับ
루-쓱미- 카이 미- 야- 깨- 뿌앗 후-어 마이 크랍

มีค่ะ เดี๋ยวเอามาให้ค่ะ
미- 카 디야우 아오 마- 하이카

ขอน้ำด้วยครับ
커- 남 두-어이 크랍

ผมรู้สึกจะอาเจียน
폼 루-쓱 짜 아-찌얀

รู้สึกเมาเครื่องบิน มีถุงอาเจียนไหมครับ
루-쓱 마오 크르-엉 빈 미- 퉁 아-찌얀 마이 크랍

อยู่ในกระเป๋าข้างหน้าที่นั่งของท่านค่ะ
유- 나이 끄라빠오 카-ㅇ 나- 티- 낭 커-ㅇ 타-ㄴ 카

기내 입국신고서 작성할 때

입국신고서를 작성하십시오.

죄송합니다만, 이곳엔 무엇을 씁니까?

여권번호를 쓰세요.

죄송합니다. 틀리게 썼어요.

다시 한 장 주십시오.

예. 여기 있습니다.

이렇게 쓰면 맞나요?

맞습니다.

กรุณากรอกข้อความในใบขาเข้า
까루나- 끄러-ㄱ 카- 콰-ㅁ 나이 바이 카-카오

ขอโทษตรงนี้เขียนอะไรครับ
커- 토-ㅅ 뜨롱니- 키얀 아 라이 크랍

กรุณาเขียนหมายเลขหนังสือเดินทางค่ะ
까루나- 키얀 마-이 레-ㄱ 낭 쓰- 더-ㄴ 타-ㅇ 카

ขอโทษผมเขียนผิด
커- 토-ㅅ 폼 키얀 핏

ขออีกใบหนึ่งได้ไหมครับ
커- 이-ㄱ 바이 능 다이 마이 크랍

ได้ค่ะ นี่ค่ะ
다이 카 니- 카

เขียนอย่างนี้ถูกไหมครับ
키얀 야-ㅇ 니- 투-ㄱ 마이 크랍

ถูกค่ะ
투-ㄱ 카

Chapter 03 공항

Tip 도착지 공항에서

입국 심사할 때
세관 검사할 때
환전하기
마중 나온 사람이 있을 때
교통 이용하기

Tip. 도착지 공항에서

자신의 탑승권에 적힌 좌석번호를 찾아 지정된 좌석에 앉으며, 휴대한 짐은 자기 좌석의 윗선반이나 좌석에 앉았을 때 자신의 발이 닿는 곳, 즉 앞 좌석의 밑 공간에 넣으면 된다.

도착하기 한시간 혹은 한시간 반 전에 입국카드 및 세관신고서 작성카드를 나누어 주게 된다. 받는 대로 기내에서 작성한 후 내릴 때 꼭 가지고 내리도록 한다.

도착지 입국 순서

태국 공항에서의 입국순서는 아래와 같으며, 그 절차는 대체로 간단한 편이다. 입국절차시 필요한 서류는 태국으로 가는 기내에서 승무원이 목적지에 도착하기 전에 나누어 주며, 이때 작성하면 된다.

입국심사 : 영문 또는 태국어로 작성한 입국신고서를 여권과 함께 제출한다.

짐찾기 : 입국심사가 끝나면 짐찾는 곳으로 가서 탁송한 짐을 찾는다. 짐 싣는 카트는 무료이다.

세 관 : 미리 작성한 세관신고서를 제출하는데 작성할 때 카메라, 비디오 등 개인사용 목적의 전자제품은 반드시 명기하고, 특히 세관신고서의 사본을 잘 보관해야 한다. 출국 수속시에 명시하지 않았는데 추가되었거나, 없어진 물건이 있다는 사실이 세관원에게 적발될 경우에는 관세를 물어야 된다.

공항에서 시내까지 이동하는 요령

관광의 대국답게 태국 주요 도시의 공항에는 반드시 안내소가 설치되어 있으며, 각종 여행안내책자나 시내지도 등을 구할 수 있을 뿐만 아니라 현지 호텔을 예약해 주는 등의 서비스를 갖추고 있다.

  방콕의 쑤완나품 공항, 북쪽의 치앙마이 공항, 남쪽의 핫야이나 푸껫 공항 등은 모두 시내에서 차로 40분 내지 1시간 정도의 곳에 위치하고 있다. 공항교- 시내를 잇는 교통편으로는 항공사의 리무진 버스, 택시, 노선버스 등이 있는데 일반적으로 리무진 버스를 이용하는 것이 가장 싸고 편리한 방법이다.

  택시는 미터 택시와 공항리무진 택시로 분류하며, 미터 택시의 경우 미터 요금에 추가로 50바트 정도를 내고 또한 도시 고속도로 두 곳을 통과할 경우 이용료 70바트를 추가로 지불한다. 리무진 택시는 외국인에게 피해가 가지 않도록 공항에서 직원이 직접 택시 티켓을 발행하여 준다.

  노선버스의 경우 값은 대단히 싸지만 공항에서 다소 멀리 떨어져 있고 특히 짐이 많을 경우에는 매우 불편하다.

  그 밖에 호텔을 예약한 경우에는 해당 호텔의 셔틀버스를 이용하는 방법도 있다.

태국의 세관 금지항목

  모든 종류의 마약성 약품, 음란서적과 사진

무기 : 총기류의 반입은 경찰국이나 지역등록기관의 허가가 있어야 가능하다.

담배 · 술 : 듬배, 시가 등은 총 무게 250그램을 초과해서는 안되며, 담배 수량은 200개피를 넘으면 안된다. 술은 1리터까지 세금없이 통관 반입.

식물과 동물 : 특정한 야채와 식물은 반입금지.

공항 — 입국심사할 때

여권을 제시하십시오. (보여주세요.)

여기 있습니다.

무슨 용무(목적)로 오셨습니까?

여행(관광) 왔습니다.

며칠이나 머무르실 겁니까?

약 일주일입니다.

짐 찾는 곳은 어디입니까?

저쪽에 있습니다.

ขอดูหนังสือเดินทางหน่อยครับ
커- 두- 낭 쓰- 더-ㄴ 타-ㅇ 너-이 크랍

นี่ครับ
니- 크랍

คุณมาธุระอะไรครับ
쿤 마- 투 라 아 라이 크랍

มาท่องเที่ยวครับ
마- 터-ㅇ 티-야우 크랍

จะพักกี่วันครับ
짜 팍 끼- 완 크랍

ประมาณหนึ่งสัปดาห์
쁘라마-ㄴ 능 쌉 다-

ที่รับกระเป๋าอยู่ที่ไหนครับ
티- 랍 끄라빠오 유- 티- 나이 크랍

อยู่ทางโน้น
유- 타-ㅇ 노-ㄴ

공항 세관검사할 때

어디에서 오셨습니까?

한국에서 왔습니다.

이게 짐의 전부입니까?

짐을 열어 주십시오.

이건 무엇입니까?

한국 담배인데, 태국 친구에게 줄 선물입니다.

신고해야 할 물건이 있습니까?

없습니다.

คุณมาจากไหนครับ
쿤 마- 짜-ㄱ 나이 크랍

มาจากประเทศเกาหลี
마- 짜-ㄱ 쁘라테-ㅅ까오 리-

นี่เป็นของทั้งหมดของคุณหรือ
니- 뻰 커-ㅇ 탕 못 커-ㅇ 쿤 르-

ขอเปิดดูหน่อย
커- 뻐-ㄷ 두- 너이

นี่อะไรครับ
니- 아 라이 크랍

บุหรี่เกาหลี เป็นของฝากสำหรับเพื่อนคนไทย
부 리- 까오 리- 뻰 커-ㅇ 화-ㄱ 쌈 랍 프-언 콘 타이

มีของอะไรจะต้องแจ้งไหม
미- 커-ㅇ 아라이 짜 떠-ㅇ 째-ㅇ 마이

ไม่มีครับ
마이 미- 크랍

| 공항 | 환전할 때

환전하려 합니다.

얼마나 바꾸시려구요?

100달러입니다.

표를 작성해 주세요.

이렇게 쓰면 됩니까?

예. 3,900바트입니다.

세어 보세요.

맞습니다.

อยากจะขอแลกเงินครับ
야-ㄱ 짜 거- 래-ㄱ 응여-ㄴ 크랍

จะแลกเท่าไร
짜 래-ㄱ 타오 라이

หนึ่งร้อยดอลลาร์
느 라-이 고-ㄹ라-

กรุณากรอกแบบฟอร์มด้วย
까루나- 끄러-ㄱ 배-ㅂ 훠-ㅁ 두-어이

เขียนอย่างนี้ถูกไหมครับ
키-얀 야-ㅇ 니- 투-ㄱ 마이 크랍

ครับ สามพันเก้าร้อยบาท
크랍 싸-ㅁ 판 까오 라-이 바-ㅅ

นับดูก่อนนะครับ
납 두- 꺼-ㄴ 나 크랍

ถูกต้องครับ
투-ㄱ 떠-ㅇ 크랍

공항 마중 나온 사람이 있을 때

안녕하세요? 제 이름은 김영덕입니다.

당신을 만나뵙게 돼서 반갑습니다.

이쪽으로 가시지요. 차가 저 앞에 있습니다.

마중 나와 주셔서 감사합니다.

태국에 오신 적이 있으십니까?

없습니다. 이번이 첫번째입니다.

제 생각에 당신이 태국을 좋아하시게 될 겁니다.

저도 그렇게 생각합니다.

สวัสดีครับ ผมชื่อ คิม ยอง ดอก
싸왓 디- 크랍 폼 츠- 킴 여-ㅇ 다-ㄱ

ยินดีที่ได้พบคุณครับ
yin 디- 티- 다이 폽 쿤 크랍

เชิญทางนี้ครับ รถจอดอยู่ทางโน้น
척-ㄴ 타-ㅇ 니- 크랍 롯 쩌-ㅅ 유- 타-ㄷ 노-ㄴ

ขอบคุณมากที่มารับนะครับ
커-ㅂ 쿤 마-ㄱ 티- 마- 랍 나 크랍

คุณเคยมาประเทศไทยบ้างไหมครับ
쿤 커-이 마- 쁘라 테-ㅅ 타이 바-ㅇ 마이 크랍

ไม่เคยครับ ครั้งนี้เป็นครั้งแรก
마이 커-이 크랍 크랑 니- 뻰 크랑 래-ㄱ

ผมคิดว่าคุณคงชอบประเทศไทยแน่
폼 킷 와- 쿤 콩 처-ㅂ 쁘라 테-ㅅ 타이 내-

ผมก็คิดว่าอย่างนั้นครับ
폼 꺼- 킷 와- 야-ㅇ 난 크랍

| 공항 | 교통 이용할 때

방콕호텔에 가려고 합니다.

여기서 멉니까?

안 멀어요. 약 20분 정도면 도착할 겁니다.

차비가 얼마입니까?

여기서 쑤쿰윗까지 가는 버스 있습니까?

이 버스 싸얌호텔에 갑니까?

싸얌호텔에 도착하면 좀 알려주세요.

알겠습니다.

ผมอยากจะไปโรงแรมกรุงเทพ
폼 야ㅡㄱ 짜 빠이 로ㅡㅇ 래ㅡㅁ 끄룽테ㅡㅂ

จากนี่ไกลไหมครับ
짜ㅡㄱ 니ㅡ 끄라이 마이 크랍

ไม่ไกลครับ ประมาณ 20นาทีก็จะถึง
마이 끄라이 크랍 쁘라마ㅡㄴ yi- 씹나ㅡ 티ㅡ 꺼ㅡ 짜 틍

ค่ารถเท่าไรครับ
카ㅡ 롯 타오 라이 크랍

ที่นี่มีรถเมล์ไปถึงสุขุมวิทไหมครับ
티ㅡ 니ㅡ 미ㅡ 롯 메ㅡ 빠이 틍 쑤쿰 윗 마이 크랍

รถเมล์สายนี้ไปโรงแรมสยามหรือเปล่าครับ
롯 메ㅡ 싸ㅡ이 니ㅡ 빠이 로ㅡㅇ 래ㅡㅁ 싸 야ㅡㅁ 르ㅡ 쁘라오 크랍

ถึงโรงแรมสยามแล้วช่วยบอกให้ผมทราบหน่อยครับ
틍 로ㅡㅇ래ㅡㅁ싸야ㅡㅁ래ㅡ우 추ㅡ어이 버ㅡㄱ 하이 폼 싸ㅡㅂ 너ㅡ이 크랍

ได้ค่ะ
다이 카

117

Chapter 04 호텔

Tip 숙박 시설

예약한 호텔에서의 체크인하기

예약 없는 호텔에서의 체크인하기

룸 서비스 요청하기

물건 보관함 이용하기

세탁을 부탁할 때

호텔에서 아침 식사하기

호텔 체크아웃할 때

Tip. 숙박 시설

태국은 관광의 나라답게 다양한 숙박시설이 잘 갖추어져 있다. 특히 대도시의 경우 값이 싼 여관에서부터 게스트 하우스(Guest house), 모텔(Motel), 그리고 호텔(Hotel)에 이르기까지 예산에 맞추어 마음대로 고를 수 있다.

배낭족의 경우 방콕의 「까오싼」 거리에 가면 외국인 배낭족을 위한 저렴한 여관들이 즐비해 있고, 이곳에서는 여러나라에서 여행 온 사람들이 모여있기 때문에 여행에 관한 정보수집도 할 수 있다.

일반여관

1인 숙박에 80바트~100바트 정도인 일반여관의 경우 방에는 침대가 놓여 있고 화장실과 샤워실은 공동으로 사용한다. 에어컨이 없는 관계로 밤에 모기가 극성을 부릴 수도 있으니 모기향 같은 것은 직접 준비하는 것이 좋다. 주의할 사항은 이곳에서 숙박을 할 때에는 도난의 염려가 있으므로 절대 방에다 귀중품을 놓고 다니는 일이 없도록 해야 한다.

게스트하우스

일반여관보다 시설이 훨씬 좋은 게스트하우스는 대도시 관광지에 반드시 자리잡고 있다. 요금은 방의 등급에 따라 1인 250~400바트 정도이며 좋은 곳은 샤워실과 화장실이 각 방에 있고 에어컨도 있다. 또한 여러명이 함께 잘 수 있는 다인용 방을 갖춘 곳도 있으며, 대부분의 게스트하우스에서는 간단한 식사를 해결할 수 있어 아주 편리하다.

이외에도 게스트하우스에서는 외국 관광객을 위해 태국내 여행사를 알선해 주는 경우도 있어 도움이 많이 될 것이다. 장기투숙객의 경우 계약시 요금을 할인해 주기도 한다.

YMCA, YWCA

주로 방콕과 치앙마이에 있고 가격은 게스트하우스보다는 비싸며 호텔보다는 싸다. 비회원이라도 숙박이 가능하며 회원이라 해서 숙박비를 할인해 주지는 않는다.

방갈로

해변을 낀 남부 해안지방, 특히 섬에서 많이 볼 수 있는데 게스트하우스보다 싸지만 성수기에는 가격 변동이 심하다. 방에 욕실이 딸린 경우도 있고 공동욕실을 사용하는 곳도 있다.

호텔의 시설 및 서비스 이용방법

소위 호텔이라고 해도 최상급부터 최하급까지의 등급이 있다. 최상급 호텔은 「오리엔탈」호텔과 같은 톱 클래스에 해당하는 초호화 호텔이 있으며, 최하급 호텔은 게스트하우스와 별 차이가 없다. 일반적으로 호텔 예약시 미리 국내여행사와 접촉하거나 혹은 현지에 다는 사람을 통해 예약하는 것이 가격이 훨씬 저렴하다. 경우에 따라 호텔비에 아침식사가 무료로 제공되는 호텔을 이용하면 훨씬 더 경제적일 것이다.

일반적으로 태국의 중급이상 호텔 내에는 수영장, 식당, 상점, 비즈니스센터 등의 부대시설이 잘 갖추어져 있고, 대부분 환전·여행·우체국 업무 등도 담당하고 있다.

특히 대규모의 호텔에는 카드식 공중전화도 설치되어 있어 국제전화를 걸기에도 아주 편리하고 비즈니스센터를 이용하면 팩스나, 복사기 그리고 컴퓨터 등의 사용에도 전혀 불편이 없다.

| 호텔 | 예약한 호텔에서의 체크인

어서 오십시오. 무엇을 도와드릴까요?

객실 예약을 했습니다.

존함이 어떻게 되십니까?

김정수, 영문으로 Kim, Jung-Su입니다.

잠시만 기다리세요. 예약이 잘 되어 있습니다.

이렇게 쓰면 됩니까?

요금은 어떻게 지불하시겠습니까?

카드로 결재할 것입니다.

เชิญค่ะ มีอะไรให้ช่วยไหมคะ
처-ㄴ 카 미- 아라이하이추-어이 마이 카

จองห้องไว้แล้วครับ
쩌-ㅇ 허-ㅇ 와이 래-우 크랍

ชื่ออะไรคะ
츠- 아 라이 카

คิม จอง ซู ตัวสะกด KIM JUNG แล้วก็ SU
킴 쩌-ㅇ 쑤- 뚜-어 싸꼿 케아이엠제이유인찌- 래-우까- 에쓰유

รอสักครู่ค่ะ จองไว้เรียบร้อยแล้วค่ะ
러- 싹 크루- 카 쩌-ㅇ 와이 리-압 러-이 래-우 카

เขียนอย่างนี้หรือครับ
키-얀 야-ㅇ 니- 르- 크랍

จะชำระเงินอย่างไรคะ
짜 참 라 응어-ㄴ 야-ㅇ 라이 카

จะชำระเป็นบัตรเครดิต
짜 참 라 뺀 밧 크레- 딧

호텔 — 예약없는 호텔에서의 체크인

실례지만, 빈방 있습니까?

싱글룸을 원하십니까? 트윈룸을 원하십니까?

싱글룸 주세요. 하루에 얼마입니까?

며칠 묵으실 건가요?

이틀 묵고, 모레 아침에 체크아웃하겠어요.

현금으로 하겠습니다.

이 카드를 기록해 주세요.

손님의 방은 3층 307호입니다.

ขอโทษมีห้องว่างไหมครับ
커- 토-ㅅ 미- 허-ㅇ 와-ㅇ 마이 크랍

ต้องการห้องเดี่ยวหรือห้องคู่คะ
떠-ㅇ 까-ㄴ 허-ㅇ 디-야우 르- 허-ㅇ 쿠- 카

ขอห้องเดี่ยว คืนละเท่าไรครับ
커- 허-ㅇ 디-야우 크-ㄴ 라 타오 라이 크랍

คุณจะพักกี่วัน
쿤 짜 팍 까- 완

พักสองวันแล้วจะเช็คเอ๊าท์ในตอนเช้ามะรืนนี้
팍 써-ㅇ 완 래-우 짜 첵 아오 나이 떠-ㄴ 차오 마르-ㄴ 니-

จะชำระเป็นเงินสดครับ
짜 참 라 뻰 응어-ㄴ 쏫 크랍

กรุณากรอกลงในแบบฟอร์มนี้ด้วยค่ะ
까루나- 끄러-- 롱 나이 배-ㅂ 훠-ㅁ 니- 두-어이 카

ห้องท่านอยู่ชั้นสามหมายเลขสามศูนย์เจ็ดค่ะ
허-ㅇ 타-ㄴ 유- 찬 싸-ㅁ 마-이 레-ㄱ 싸-ㅁ 쑤-ㄴ 쩻 카

호텔 룸서비스 요청할 때

여보세요! 룸서비스입니까?

여기는 602호실인데요.

에어컨에 문제가 있는 것 같아요.

에어컨이 작동이 되질 않는 것 같아요.

방이 너무 더워요.

잠시 기다리세요.

빨리 좀 부탁해요.

고맙습니다.

ฮัลโหลบริการตามห้องใช่ไหมครับ
한 로- 베- 리까-ㄴ 따-ㅁ 허-ㅇ 챠이 마이 크랍

นี่ห้องหกศูนย์สองครับ
니- 허-ㅇ 훅 수-ㄴ 써-ㅇ 크랍

สงสัยแอร์มีปัญหา
쏭 싸이 애- 미- 빤하-

แอร์ไม่ทำงาน
애- 마이 탐응아-ㄴ

ห้องร้อนเหลือเกินครับ
허-ㅇ 러-ㄴ 르-어 꺼-ㄴ 크랍

กรุณารอสักครู่ค่ะ
까루나- 러- 싹 크루- 카

ขอเร็ว ๆ หน่อยครับ
커- 레우 레우 너-이 크랍

ขอบคุณมากครับ
커-ㅂ 쿤 마-ㄱ 크랍

호텔 — 물건 보관함 이용할 때

실례지만 물건 보관함을 이용하고 싶은데요.

성함 · 객실번호 · 여권번호를 여기에 써 주시고 사인해 주십시오.

열쇠 여기 있습니다.

언제든지 이용이 가능하죠?

예. 언제든지 이용할 수 있습니다.

감사합니다.

ขอโทษครับ ผมอยากจะใช้ตู้เก็บของ
커- 토-ㅅ 크랍 폼 야-ㄱ 짜 차이 뚜-껩 커-ㅇ

กรุณาเขียนชื่อ เบอร์ห้อง หมายเลข
까루나- 키-얀 츠- 버- 허-ㅇ 마-이 레-ㄱ

หนังสือเดินทางแล้วก็ เซ็นชื่อด้วยค่ะ
낭 쓰- 드ㅓ-ㄴ 타-ㅇ 래-우 까- 쎈 츠- 두-어이 카

นี่กุญแจค่ะ
니- 꾼 째- 카

เมื่อไรก็ใช้ได้ใช่ไหมครับ
므-어 라이 까- 차이 다이 차이 마이 크랍

ใช่ค่ะ ใช้ได้ทุกเวลาค่ะ
차이 카 차이 다이 툭 웨- 라- 카

ขอบคุณครับ
커-ㅂ 쿤 크랍

호텔 — 세탁을 부탁할 때

여기 세탁서비스 됩니까?

예. 어떤 것을 세탁하시게요?

와이셔츠 한 장입니다.

드라이클리닝 해야 합니까?

옷을 방안의 세탁봉투에 넣으시고, 입구에 걸어 두세요.

언제 됩니까?

내일 저녁 8시에요.

좋습니다.

ขอใช้บริการซักรีดได้ไหมครับ
커- 차이 버리까-ㄴ 싹 리-ㅅ 다이 가이 크랍

ได้ครับ จะซักอะไรครับ
다이 크랍 짜 싹 아라이 크랍

เสื้อเชิ้ตหนึ่งตัวครับ
쓰^어 척-ㅅ 능 뚜-어 크랍

จะเอาซักแห้งด้วยไหมครับ
짜 아오 싹 해^-ㅇ 두-어이 마이 크랍

เอาเสื้อใส่ในถุงแล้วแขวนไว้บนประตูครับ
아오 쓰^어 싸이 나이 퉁 래-우 쾌-ㄴ 와이 본 쁘라 뚜- 크랍

จะรับได้เมื่อไรครับ
짜 랍 다이 므-어 라이 크랍

เย็นพรุ่งนี้สองทุ่มครับ
옌 프룽 니- 써^-ㅇ 툼 크랍

โอ เค ครับ
오- 케- 크랍

호텔 — 호텔에서 아침식사할 때

죄송합니다만, 조식은 어디에서 먹습니까?

언제부터 시작합니까?(언제 엽니까?)

여기에서 아침 먹을 수 있습니까?

예, 식권(쿠폰)을 주시겠습니까?

아침식사에는 무엇이 있습니까?

양식에는 무엇이 있습니까?

토스트, 후라이와 햄 그리고 커피입니다.

죽과 볶음밥이 있습니다.

ขอโทษทานอาหารเช้าได้ที่ไหนครับ
커- 토-ㅅ 타-ㄴ 아- 하-ㄴ 차오 다이티-ㄴ-이 크랍

เปิดกี่โมงครับ
뻐-ㅅ 끼- 모-ㅇ 크랍

ทานอาหารเช้าที่นี่ได้ไหมครับ
타-ㄴ 아- 하-ㄴ 차오 티- 니- 다이 마이 크랍

ได้ค่ะ ขอคูปองหน่อย
다이 카 커- 쿠- 뻐-ㅇ 너-이

อาหารเช้ามีอะไรบ้างครับ
아- 하-ㄴ 차오 미- 아 라이 바-ㅇ 크랍

อาหารฝรั่งมีอะไรบ้างครับ
아- 하-ㄴ 활랑 미- 아 라이 바-ㅇ 크랍

มีขนมปัง ไข่ดาว หมูแฮม และ กาแฟค่ะ
미- 카놈 빵 카이다-우 무- 해-ㅁ 래 까- 풰- 카

มีโจ๊ก และข้าวผัดค่ะ
미- 쪼-ㄱ 래 카-우 팟 카

호텔 — 호텔 체크아웃할 때

체크아웃하려고 합니다. 이것은 제 룸키입니다.

계산서입니다.

말씀 좀 여쭐게요. 이것은 무슨 비용이지요?

미니바(냉장고)의 음료를 이용하신 겁니다.

서울로 거신 전화 비용입니다.

신용카드로 계산하시겠습니까?

이것은 영수증입니다.

사인해 주세요.

ผมจะเช็คเอ๊าท์ นี่ห้องกุญแจผมนะครับ
쫌 짜 첵 아오 니- 하-ㅇ 꾼 째- 쫌 나 크랍

ใบเสร็จ(รับเงิน)
바이 쎗 (랍 응어-ㄴ)

ขอถามหน่อย นี่ค่าอะไรครับ
커- 타-ㅁ 너이 니- 카- 아라이 크랍

ค่าเครื่องดื่มของมินิบาร์ในห้อง
카- 크르-엉 드-ㅁ 커-ㅇ 미 니 바- 나이 하-ㅇ

ค่าโทรศัพท์โทรไปกรุงโซลค่ะ
카- 토-라쌉 토- 빠이 끄룽 쏘-ㄴ 카

คุณจะชำระเงินเป็นบัตรเครดิตไหมคะ
쿤 짜 참 라 응어-ㄴ 뻰 밧 크레- 딧 마이 카

นี่ใบเสร็จค่ะ
니- 바이 쎗 카

เซ็นชื่อด้วยค่ะ
쎈 츠- 두-어이 카

135

Chapter 05 식당

> Tip 태국 음식

비교적 고급식당에서 식사할 때
초대에 응하여 식사할 때
간단하게 식사할 때
커피숍에서
술집에서

Tip. 태국 음식

태국인의 식생활

　우리나라와 마찬가지로 태국인들의 주식은 쌀이며 하루에 세끼의 식사를 하지만, 그 식사량은 비교적 적은 편이며 대신 과일이나 과자 혹은 떡류 등의 간식을 매우 즐기는 편이다. 그리고 지방에 따라 먹는 음식의 종류와 방법이 약간씩 차이가 있다.

　먼저, 방콕을 중심으로 한 중부지역과 남부지역에서는 아침식사로 흰죽과 식빵 등 가벼운 음식을 많이 먹거나 밥에「깽」을 부은 태국식 카레라이스인「카우깽」을 먹기도 한다. 점심은「꾸어이 띠여우」라고 하는 쌀국수와 만두 종류인「끼여우」「까놈찝」「싸라빠오」등을 먹거나 또는 밥과 여러가지의 반찬을 먹는다. 저녁식사는 하루 중 가장 중요시해서 푸짐하게 먹는다. 각종 야채와 생선튀김에 볶음음식과 계란요리, 그리고 국을 주로 먹으며 후식으로 과일과 각종 과자류인「카놈」을 먹는다.

　최근 일부 젊은 맞벌이 부부들은 집에서 음식을 조리할 시간적 여유가 없기 때문에 음식점에서 완전조리된 비닐봉지 포장음식을 사서 집으로 가지고 가 밥만 새로 지어서 먹는 모습을 흔히 볼 수 있다. 이들이 즐겨 사가지고 가는 음식은 대부분「깽(국)」종류와 기타 반찬들이다.

　한편, 북부지역과 동북부지역의 경우 찹쌀밥이 주식으로 세끼 모두 이 찹쌀밥을 먹는데, 이 찹쌀밥을 손으로 조금씩 떼어서 반찬인 닭고기구이,「랍」이라는 소고기무침,「쏨땀」이라는 파파야 생채무침,「냄」이라는 돼지고기 발효음식, 쌈장과 각종 채소 등 그 고장의 토속음식과 함께 먹는다. 특히 이 지역에서는 중부나 남부에서 처럼 물고기를 선호하지 않으며 신맛이 나는 음식을 좋아하지 않는 편이다.

　일반적으로 태국 음식맛의 특징은 음식에 따라 다르지만 대체로 고소하고 맵고 신맛이 나는 편이다. 여기에 다양한 향신료가 첨가됨으

로 독특한 향미도 난다. 고소한 맛의 음식은 주로 야자즙의 닷이며, 신맛을 내는 재료로는「라임(마나우)」을 주로 사용한다.

태국의 식당

일반적으로 태국의 식당은「란아한」혹은「헝아한」이라고 되어 있고, 이보다 더 고급스러운 음식점은「팟파칸」이라 한다.

이외에 점심때와 오후 5시 정도 이후에 노점이나 거리의 포장마차식의 음식점이 들어서는데 사실 순수한 태국의 서민적인 맛을 알아보려면 이곳을 이용하는 것이 좋다. 이러한 포장마차에서는 주르 국수류를 팔고 볶음면, 물만두, 볶음밥 등 그야말로 다양한 종류의 음식을 즐길 수 있고 값도 아주 저렴한 편이며 우리 입맛에도 꼭 맞는다. 보통 새벽 2시까지 영업하므로 간식으로도 언제든지 이용할 수 있다.

다만, 태국에서 음식을 먹을 때 주의해야 할 것은 태국이 일년내내 고온의 나라인 관계로 꼭 끓이거나 익힌 음식을 먹어야 한다는 것이다. 일반적으로 큰 식당이나 호텔 내 식당을 제외하고는 위생관리가 철저하지 못한 편이므로 음식을 잘못 먹었다가는 탈이 나기 쉽기 때문이다.

식당 — 비교적 고급식당에서 식사할 때

이쪽으로 오세요.

여기 메뉴 있습니다. 무엇을 주문하시겠습니까?

저는 태국요리에 대해 잘 모릅니다.

이 식당의 주요리는 무엇이지요?

너무 느끼한 것은 좋아하질 않아요.

육류를 좋아하십니까?

그러면 이렇게 하시지요.

정말 맛있습니다.

เชิญทางนี้ค่ะ
촤-ㄴ 타-o니- 카

นี่ครับ เมนู จะสั่งอะไรคะ
니- 크랍 메-누- 짜 쌍 아라이 카

ผมไม่ค่อยมีความรู้เกี่ยวกับอาหารไทย
폼 마이 커- 이 미- 콰-ㅁ 루- 끼-야우 깝 아- 하-ㄴ 타이

อาหารอะไรเป็นอาหารพิเศษในร้านอาหารนี้ครับ
아- 하-ㄴ 아 라이 뻰 아-하-ㄴ 피 쎄-ㅅ 나이 라-ㄴ 아- 하-ㄴ니-크랍

ไม่ชอบมีน้ำมันมากเกินไป
마이 처-ㅂ미- 남 만 마-ㄱ 꺼-ㄴ 빠이

ชอบประเภทเนื้อไหมคะ
처-ㅂ 쁘라페-ㅅ 느-어 마이 카

งั้นเอาอย่างนี้นะคะ
응안 아오 야-ㅇ 니- 나 카

อร่อยจริง ๆ ครับ
아러-이 찡 찡 크랍

141

식당 — 초대에 응하여 식사할 때

오늘 이렇게 뜨겁게 대접해 주셔서 정말 감사합니다.

천만에요.

술 드십시다.

좋습니다.

우리들의 우정을 위하여 마십시다. 건배!

이 다음에 한국에 다시 오면

저에게 연락하는 것을 잊지 마세요.

좋습니다. 감사합니다.

ขอบคุณมากที่ได้เลี้ยงผมอย่างอบอุ่นในวันนี้นะครับ
커-ㅂ 쿤 마-ㄱ 티- 다이 리-양 폼 야-ㅇ 옵 운 나이 완 니-나 크랍

ไม่เป็นไรครับ
마이 뻰 라이 크랍

เชิญดื่มเหล้าครับ
처-ㄴ 드-ㅁ 라오 크랍

ดีครับ
디- 크랍

ดื่มเพื่อมิตรภาพของเรา ไชโย
드-ㅁ 프-어 밋 뜨라 파-ㅂ 커-ㅇ 라오 차이 오-

วันหลังถ้าคุณไปประเทศเกาหลีอีก
완 랑 타- 쿤 빠이 쁘라테-ㅅ 까오리- 이-ㄱ

อย่าลืมบอกให้ผมทราบนะครับ
야- 르-ㅁ 버-ㄱ 하이 폼 싸-ㅂ 나 크랍

ครับ ขอบคุณมากครับ
크랍 커-ㅂ 쿤 마-ㄱ 크랍

식당 — 간단하게 식사할 때

태국요리를 먹으려 하는데,

이 근처의 식당 좀 소개해 주실래요?

호텔 후문을 나가시면, 식당이 여러 군데 있습니다.

어서오세요. 앉으세요.

무엇을 드시겠습니까?

볶음밥과 똠얌꿍 주세요.

물 한 잔 주세요.

계산 좀 해 주세요.

ผมอยากจะทานอาหารไทยช่วยแนะนำให้ผม
폼 야-ㄱ 짜 타-ㄴ 아- 하-ㄴ 타이 추-어이 내 남 하이 폼

ได้ไหมว่าแถวนี้มีร้านอาหารไทยอยู่ที่ไหนบ้างครับ
다이마이 와- 태-우 니-미- 라-ㄴ아- 하-ㄴ타이 유- 티- 나이 바-ㅇ크랍

ออกไปประตูหลังโรงแรมมีร้านอาหารไทยหลายร้าน
어-ㄱ 빠이 쁘라 뚜- 랑 로-ㅇ래-ㅁ 미- 라-ㄴ아-하-ㄴ타이 라-이 라-ㄴ

เชิญค่ะ เชิญนั่งค่ะ
츠ㅓ-ㄴ 카 츠ㅓ-ㄴ 낭 카

จะทานอะไรคะ
짜 타-ㄴ 아라이 카

ขอข้าวผัดและต้มยำกุ้งครับ
커- 카-우 팟 래 똠얌꿍 크랍

ขอน้ำแก้วหนึ่ง
커- 남 깨-우 능

เก็บตางค์ด้วยครับ
껩 따-ㅇ 두-어이 크랍

식당 — 커피숍에서

이리로 앉으세요.

창가쪽 좌석에 앉고 싶은데요.

여기 괜찮으세요?

좋습니다. 고맙습니다.

다른 분 더 오십니까?

아니오. 혼자입니다.

그러면 음료를 주문하시겠습니까?

커피 주세요.

เชิญนั่งตรงนี้ค่ะ
처-ㄴ 낭 뜨롱 니- 카

ผมอยากนั่งติดหน้าต่างครับ
폼 야-ㄱ 낭 띳 나- 따-ㅇ 크랍

ตรงนี้เป็นอย่างไรคะ
뜨롱 니- 뻰 야-ㅇ 라이 카

ดีครับ ขอบคุณครับ
디- 크랍 커-ㅂ 쿤 크랍

มีคนอื่นมาอีกไหมคะ
미- 콘 으-ㄴ 마- 이-ㄱ 마이 카

ไม่ครับ มาคนเดี่ยวครับ
마이 크랍 마- 콘 디-야우 크랍

งั้นจะสั่งเครื่องดื่มอะไรคะ
응안 짜 쌍 크르-엉 드-ㅁ아 라이 카

ขอกาแฟครับ
커- 까- 홰- 크랍

| 식당 | 술집에서

어서 오세요. 몇 분이시지요?

둘입니다.

메뉴 여기 있습니다. 무엇을 주문하시겠습니까?

닭불고기 구이와 새우튀김 주세요.

술은 무엇으로 하시겠습니까?

어떤 술이 있습니까?

맥주와 태국인이 즐겨 마시는 위스키 쌩팁이 있습니다.

쌩팁 한 병 주세요. 그리고 소다수와 얼음도 주세요.

เชิญค่ะ มากันกี่คนคะ
초-ㄴ 카 마- 깐 끼- 콘 카

สองคนครับ
쌍-ㅇ 콘 크랍

นี่ค่ะ เมนู จะสั่งอะไรคะ
니- 카 메-누- 짜 쌍 아라이 카

ขอไก่ย่าง และกุ้งทอดหน่อย
커- 까이 야-ㅇ 래 꿍 터-ㅅ 너-이

จะรับเครื่องดื่มอะไรคะ
짜 랍 크르-엉 드-ㅁ 아라이 카

มีเหล้าอะไรบ้าง
미- 라오 아라이 바-ㅇ

มีเบียร์และแสงทิพย์ ซึ่งเป็นวิสกี้ที่คนไทยนิยมดื่มค่ะ
미- 비-야 래 쌍-ㅇ 팁 씅 뻰 윗싸끼-티- 콘 타이 니욤 드-ㅁ 카

ขอแสงทิพย์หนึ่งขวดและโซดากับน้ำแข็งด้วย
커- 쌍-ㅇ 팁 능 쿠-엇 래 쏘-다- 깝 남 캥 두-어이

Chapter 06 교통

Tip 교통수단

버스타기
장거리 버스타기
택시타기
기차타기(1)
기차타기(2)

비행기 좌석 예약하기
탑승 수속할 때
배를 탈 때(1)
배를 탈 때(2)

Tip. 교통수단

시내버스

태국에서 우리나라와 같이 노선별로 시내버스가 운행되는 곳은 방콕과 치앙마이 등 몇몇 도시에 불과하며 그외 지역은 소형트럭의 짐칸을 개조한 미니버스가 대중교통의 역할을 대신하고 있다.

방콕의 시내버스의 경우 두 종류가 있는데 하나는 보통 일반버스로 에어컨이 없으며, 앞·뒤에 문이 없는 두개의 출입구가 있고 둘 중 아무 곳이나 편리한 곳에서 타고 내리면 된다. 버스에 승차하면 안내원이 긴 양철통의 요금함을 들고 요금을 받으러 온다.

또 다른 하나의 버스는 에어컨이 잘 갖추어진 버스로 역시 안내원이 있으며 거리에 따라 요금이 다르므로 자기가 가는 목적지를 말하면 된다. 세계적인 교통지옥으로 이름난 방콕의 도로는 원웨이(one-way) 도로가 많아 시내버스를 잘 이용하면 오히려 편리하고 빠르게 목적지에 도착할 수 있는 점을 명심해 두자.

장거리 버스

주요 도시간을 연결하는 버스에는 두 종류가 있는데 하나는 민간 운영의 버스회사가 운행하는 에어컨버스로 대부분 청색버스이다. 특히 야간에 장거리를 운행할 경우 음료수는 물론 저녁식사와 야식도 제공하는데 버스가 정차하는 곳 주위의 식당에서 내려 안내양의 지시에 따라 다른 승객들과 함께 식사를 하면 된다.

주요 도시를 연결하는 또 하나의 버스는 공영의 에어컨이 없는 빨간색의 버스로 흔히 태국인들은 「롯댕(빨간차)」이라고 부른다. 큰 짐이나 가방은 버스의 지붕 위에 올려 놓으며, 좌석도 그다지 편치 않지만 요금은 매우 싸다.

미니 버스

미니버스는 비교적 짧은 노선을 달리는 버스로 소형트럭의 화물칸을 개조한 것으로 소도시나 마을 곳곳을 두루두루 연결하고 있다. 거리에서 미니버스를 탈 때는 손을 흔들어 차를 세우고 운전사에게 가는 방향을 묻는다. 만약 같은 방향이면 태워주고 그렇지 않으면 다른 차를 이용하는데 요금은 내릴 때 운전사에게 직접 지불하면 된다.

택시

태국의 택시는 방콕과 지방이 다른데, 방콕의 택시는 모두 에어컨이 있으며 우리나라와 같이 요금미터기가 부착되어 있고 빈차 표시기의 설치가 의무화되어 있어 빈택시가 보이면 손을 들어 세우면 된다. 기본요금은 35바트(한화 약 1,100원)이며 기본거리 2km마다 2바트(한화 약 60원)가 추가되어 서울의 택시요금보다는 비교적 싸다고 할 수 있다.

방콕에서 또하나의 교통수단으로 소형 삼륜택시가 있다. 이름하여 「뚝뚝」이라고 하는데 시끄럽고, 바퀴가 세 개라 좀 위험하긴 하지만 택시보다 값이 싸며 좁은 골목길도 쉽게 들어갈 수 있어 편리하다. 타기 전에 행선지를 말하고 요금을 흥정한 뒤 결정하면 된다. 외국인에게는 바가지를 많이 씌우므로 깎을 수 있는데까지 깎아 보자.

Tip. 교통수단

기차

  태국에서의 기차여행은 영토의 광활함과 풍요롭고 평화스러운 태국의 풍경을 체험할 수 있는 좋은 기회다.

  열차의 종류는 보통 가까운 거리를 운행하는 보통열차「롯탐마다」와 장거리를 여행하는 급행열차「롯레우」및 특급열차「롯두언」이 있다.

  식당차의 경우 여행자들의 식사 혹은 음료나 맥주 등을 파는데 직접 식당차로 갈 필요가 없이 좌석에 앉아서도 준비된 작은 식탁에서 주문할 수 있다. 그러나 일반적으로 식당차에서 파는 음식들은 비싸기 때문에 열차에 타기 전이나 중간중간 정차하는 역에서 도시락이나 간단한 음료 등을 준비하여 차내에서 식사하는 것도 여행경비를 줄일 수 있는 한 방법이다.

비행기

  태국은 한반도의 두배가 넘는 영토가 광대한 까닭에 국내선 노선망이 잘 발달되어 있다.

  방콕의 쑤완나품 공항 및 던므엉 공항을 중심으로 북쪽의 치앙마이, 치앙라이, 매헝썬으로 가는 노선, 동북쪽의 컨깬, 우던타니, 싸껜나컨, 우본으로 가는 노선 그리고 남쪽의 핫야이, 푸켓, 쑤랏타니 등으로 가는 노선을 가지고 있다.

배

배를 이용한 여행은 느긋한 마음으로 웅대한 경치를 맛볼 수가 있어서 좋다.

짜오프라야강을 항해하는 여객선은 관광명소나 유명호텔을 연결하며 그 종류로는 익스프레스 보트, 나룻배, 긴 코트 등이 있다. 이 배들은 여러 선착장을 통해 승선할 수 있으며, 운하를 따라 즐비하게 늘어서 있는 전통 태국인들의 수상가옥 생활을 엿볼 수 있다.

교통 — 버스 탈 때

실례지만 버스정류장이 어디입니까?

룸피니공원에 가려면 몇 번 버스를 타야 합니까?

일반버스 4번을 타세요.

이 버스 룸피니공원에 갑니까?

여기서 룸피니공원까지 얼마죠?

2바트 50사땅입니다.

룸피니공원에 도착하면 좀 알려주세요.

룸피니공원에 도착했습니다. 내리세요.

ขอโทษ ป้ายรถเมล์อยู่ที่ไหนครับ
커- 토-ㅅ 빠-이 롯 메- 유- 티- 나이 크랍

ไปสวนลุมพินีขึ้นรถเมล์สายอะไรครับ
빠이 쑤-언 룸피니-큰 롯 메- 싸-이 아 라이 크랍

ขึ้นสายสี่รถเมล์ธรรมดาค่ะ
큰 싸-이 씨- 롯 메- 탐마다- 카

สายนี้ไปสวนลุมพินีไหมครับ
싸-이 니- 빠이 쑤-언 룸피니- 마이 크랍

จากนี่ถึงสวนลุมพินีค่ารถเมล์เท่าไรครับ
짜-ㄱ 니- 틍 쑤-언 룸피니- 카- 롯 메- 타오 라이 크랍

สองบาทห้าสิบสตางค์ค่ะ
싸-ㅇ 바-ㅅ 하- 씹 싸 따-ㅇ 카

ถึงสวนลุมพินีช่วยบอกผมหน่อยครับ
틍 쑤-언 룸피니- 추-어이 버-ㄱ 폼 너-이 크랍

ถึงสวนลุมพินีแล้วค่ะ เชิญลงรถค่ะ
틍 쑤-언 룸피니- 래-우 카 처-ㄴ 롱 롯 카

교통 — 장거리 버스 탈 때

실례지만 치앙마이 가는 버스 정류장이 어디입니까?

북부 정류장에서 탑니다.

치앙마이 가는 표 한 장 주세요.

언제 것으로요?(언제 갑니까?)

오늘 것 있습니까?

저녁 6시에 있습니다. 425바트입니다.

몇 시간 걸립니까?

약 12시간입니다.

ขอโทษสถานีขนส่งไปเชียงใหม่อยู่ที่ไหนครับ
커- 토-ㅅ 싸 타- 니- 콘 쏭 빠이 치-양 마이 유- 티- 나이 크랍

ขึ้นที่สถานีขนส่งสายเหนือ
큰 티- 싸타- 니- 콘 쏭 싸-이 느-어

ขอตั๋วไปเชียงใหม่หนึ่งใบนะครับ
커- 뚜-어 빠이 치-양 마이 능 바이 나 크랍

ไปเมื่อไรคะ
빠이므-어 라이 카

วันนี้มีไหมครับ
완 니- 미- 마이 크랍

มีตั๋วเย็นนี้ค่ะ สี่ร้อยยี่สิบห้าบาทค่ะ
미- 뚜-어 옌니- 카 씨- 러-이 yi- 씹 하- 바-ㅅ 카

ใช้เวลาประมาณกี่ชั่วโมงครับ
차이 와- 라- 쁘라 마-ㄴ까- 추-어 모-ㅇ 크랍

ประมาณสิบสองชั่วโมงค่ะ
쁘라 마-ㄴ 씹 써-ㅇ 추-어 모-ㅇ 카

159

교통 — 택시 탈 때

어디로 가십니까?

왕궁으로 가 주세요. 죄송하지만, 좀 빨리 가 주시겠어요?

알겠습니다. 그러나 차가 많이 막히는군요.

실례지만, 차 빌리는 데 하루 얼마입니까?

대략 900바트입니다.

그래요? 비싸네요.

고궁에 다 왔습니다.

얼마입니까?

ไปที่ไหนครับ
빠이티- 나이 크랍

ไปพระราชวังครับ ขอโทษขอขับเร็วๆหน่อยครับ
빠이 프라 라-ㅅ 차왕 크랍 커- 토-ㅅ 커- 캅 레우 레우 너-이 크랍

ได้ครับ แต่รถติดมาก
다이 크랍 때- 롯 띳 마-ㄱ

ขอโทษ เช่ารถวันละเท่าไรครับ
커- 토-ㅅ 차오 롯 완라 타오 라이 크랍

ประมาณ เก้าร้อยบาท
쁘라마-ㄴ 까오 러-이 바-ㅅ

งั้นหรือครับ แพงไปหน่อย
응안 르- 크랍 패-ㅇ 빠이 너-이

ถึงพระราชวังแล้วครับ
틍 프라 라-ㅅ 차왕 래-우 크랍

เท่าไรครับ
타오 라이 크랍

교통 기차 탈 때(1)

실례지만, 기차표는 어디에서 팝니까?

치앙마이까지 가는 기차표 한 장 주세요.

외국인 매표소가 어디입니까?

언제 가시려구요?

침대칸입니까? 보통칸입니까?

에어컨 있는 침대칸입니다.

윗층입니까? 아래층입니까?

윗층으로 주세요.

ขอโทษ ตั๋วรถไฟขายที่ไหนครับ
커- 톳 뚜-어 롯 화이 카-이 티- 나이 크랍

ขอตั๋วรถไฟไปเชียงใหม่หนึ่งใบครับ
커- 뚜-어 롯 화이 빠이 치-앙 마이 능 바이 크랍

ช่อง(ที่)ขายตั๋วสำหรับคนต่างประเทศอยู่ที่ไหนครับ
처-ㅇ (티-) 카-이 뚜-어 쌈 랍 콘 따-ㅇ 쁘라테-ㅅ유-티- 나이 크랍

จะไปเมื่อไรคะ
짜 빠이 므-어 라이카

รถนอนหรือรถธรรมดาคะ
롯 너-ㄴ 르- 롯 탐마 다- 카

รถนอนมีแอร์ครับ
롯 너-ㄴ 미- 애- 크랍

ชั้นล่างหรือชั้นบน
찬 라-ㅇ 르- 찬 본

ขอชั้นล่างครับ
커- 찬 라-ㅇ 크랍

교통 - 기차 탈 때(2)

실례지만, 기차역까지 어떻게 갑니까?

~까지 가는 차표, 어디에서 삽니까?

~가는 좌석표 주세요.

언제 ~에 도착합니까?

좀 더 이른(늦은) 열차 있습니까?

표를 반환할 수 있나요?

열차시각표 한 부 주세요.

몇 번 플랫폼에서 기차가 출발하나요?

ไปสถานีรถไฟอย่างไรครับ
빠이 싸타-니- 롯 화이 야-ㅇ 라이 크랍

ตั๋วไป ~ ซื้อได้ที่ไหนครับ
뚜-어빠이 쓰- 다이티- 나이 크랍

ขอตั๋วไป ~ นะครับ
커- 뚜-어 빠이   나 크랍

ถึง ~ เมื่อไรครับ
틍   므-어 라이 크랍

มีขบวนเร็ว(ช้า)กว่านี้ไหมครับ
미- 카부-언 레우   (차-)   과- 니- 마이 크랍

ขอคืนตั๋วได้ไหมครับ
커- 크-ㄴ 뚜-어 다이 마이 크랍

ขอตารางเวลารถไฟหนึ่งใบครับ
커- 따-라-ㅇ 외-라- 롯 화이 능 바이 크랍

รถไฟออกชานชาลาเลขที่เท่าไร
롯 화이 어-ㄱ 차-ㄴ 차- 라- 레-ㄱ티- 타오 라이

교통 — 비행기 좌석 예약할 때

푸켓까지 가는 표 한 장 주세요.

언제 것으로요?(어느 요일에 가십니까?)

이번주 일요일에 좌석 있습니까?

죄송하지만, 만석입니다.

빈 좌석이 있네요.

좋습니다. 토요일날 표로 주세요.

이것이 손님 비행기표입니다.

이번주 토요일 오전 8시에 출발하는 702편입니다.

ขอตั๋วไปภูเก็ตหนึ่งใบครับ
커- 뚜어 빠이 푸-껫 능 바이 크랍

จะไปวันอะไรครับ
짜 빠이 완 아 라이 크랍

วันอาทิตย์นี้มีที่นั่งไหมครับ
완아- 팃 니- 미- 티- 낭 마이 크랍

ขอโทษเต็มแล้วค่ะ
커- 토-ㅅ 뗌 래-우 카

มีที่นั่งว่างค่ะ
미- 티- 낭와-ㅇ 카

เอาล่ะครับ ขอตั๋ววันเสาร์ครับ
아오 라 크랍 커- 뚜어 완 싸오 크랍

นี่ตั๋วของคุณค่ะ
니- 뚜어 커-ㅇ 쿤 카

เที่ยวบินเจ็ดศูนย์สองออกแปดโมงเช้าวันเสาร์นี้ค่ะ
티-야우 빈 쩻 수-ㄴ써-ㅇ 어-ㄱ 빼-ㅅ 모-ㅇ 차오 완 싸오 니- 카

교통 - 탑승수속할 때

T.G. 탑승수속은 어디서 합니까?

앞쪽의 카운터로 가세요.

여기서 T.G.214편 탑승수속 합니까?

비행기표 주세요. 가방이 모두 몇 개입니까?

두 개이고, 모두 부칠 겁니다.

좌석은 어디를 원하세요?

창쪽 좌석을 주세요.

탑승권과 짐표 여기 있습니다.

เที่ยวบิน ที จี เช็คอินที่ไหนครับ
티-아우 빈 티-찌- 첵 인 티- 나이 크랍

ไปเคาน์เตอร์ข้างหน้าค่ะ
빠이 카오 떠- 카-ㅇ 나- 카

ที่นี่เช็คอิน ที จี สองหนึ่งสี่ใช่ไหมครับ
티- 니- 체-ㄱ인 티-찌- 써-ㅇ 능 씨- 차이 마이 크랍

ขอตั๋วเครื่องบินหน่อย มีกระเป๋าทั้งหมดกี่ใบคะ
커- 뚜-어 크르-엉 빈 너이 미- 끄라 빠오 탕 못 까- 바이 카

สองใบครับ จะส่งทั้งหมด
써-ㅇ 바이 크릅 짜 쏭 탕 못

ต้องการที่นั่งตรงไหนคะ
떠-ㅇ 까-ㄴ 티- 낭 뜨롱 나이 카

ขอติดหน้าต่างครับ
커- 띳 나- 따-ㅇ 크랍

นี่ค่ะ บัตรขึ้นเครื่องบินและบัตรสัมภาระ
니- 카 밧 큰 크르-엉 빈 래 밧 쌈 파- 라

교통 — 배를 탈 때(1)

실례지만 어디에서 배표를 삽니까?

오늘 피피섬에 가는 배표가 있습니까?

그럼 내일 표를 예매할게요.

이 값에는 식사도 포함되어 있나요?

피피섬까지는 몇 시간 걸립니까?

어디에서 승선합니까?

출발 한 시간 전에 승선할 수 있습니다.

몇 시에 출발하나요?

ขอโทษ ซื้อตั๋วเรือได้ที่ไหนครับ
커- 토-ㅅ 쓰- 뚜-어르-어다-이티- 나-이 크랍

วันนี้มีตั๋วไปเกาะพี พี ไหมครับ
완니-미- 뚜-어 빠이 까 피- 피- 마이 크랍

งั้นขอจองตั๋วพรุ่งนี้นะครับ
응안 커- 째-ㅇ 뚜-어 프룽니- 나 크랍

ในราคานี้รวมค่าอาหารด้วยหรือครับ
나-이 라- 카- 니- 루-엄 카- 아- 하-ㄴ 두-어이 르- 크랍

ถึงเกาะพี พี ใช้เวลากี่ชั่วโมง
틍 까 피- 피- 차이웨-라-끼-추-어모-ㅇ

ลงเรือที่ไหนครับ
롱 르-어 티- 나-이 크랍

ลงเรือได้ก่อนออก 1 ชั่วโมง
롱 르-어 다-이 꺼-ㄴ 어-ㄱ 능 추-어모-ㅇ

ออกกี่โมงครับ
어-ㄱ 끼- 모-ㅇ 크랍

교통 — 배를 탈 때(2)

제 대신 배표 좀 예약해 주세요.

여기서 얼마나 머무릅니까?

저는 유람선을 타고 싶습니다.

휴게실로 가시면 전망대가 있습니다.

경치가 정말 좋군요.

멀미 약 좀 주세요.

일등(이등)선실 요금이 얼마입니까?

ช่วยจองตั๋วเรือแทนผมด้วยครับ
추-어이 쩌-오 뚜-어 르-어 태-ㄴ 폼 두-어이 크랍

พักที่นี่นานเท่าไรครับ
팍 티- 니- 나-ㄴ 타오 라이 크랍

ผมอยากจะนั่งเรือเที่ยว
폼 야-ㄱ 짜 낭 르-어 티-아우

ไปห้องพักผ่อนก็จะมีหอคอย
빠이 허-ㅇ 팍 퍼-ㄴ 꺼- 짜 미- 허- 커-이

ทิวทัศน์สวยจริง ๆ ครับ
티우 탓 쑤-어이 찡 찡 크랍

ขอยาแก้เมาครับ
커- 야- 깨- 마오 크랍

ค่าเรือชั้น 1(ชั้น 2)เท่าไรครับ
카- 르-어 찬 능 (찬 써-ㅇ) 타오 라이 크랍

Chapter 07 관광

> Tip 관광 준비

관광지를 물을 때
혼자 여행할 때(길 묻기)
소재지를 물을 때
길을 잃었을 때
태국 내 단체여행 합류할 때
태국인과 함께 여행할 때(1)

태국인과 함께 여행할 때(2)
기타 유용한 표현
박물관 구경하기
극장 관람하기
화장실 찾을 때
사진촬영을 부탁하기

Tip. 관광 준비

세계 어느 곳을 여행하든 제일 먼저 해야할 일은 그 지역이나 도시의 지도를 손에 넣는 일일 것이다. 태국에서는 공항이나 역, 버스터미널, 노점상, 쇼핑센터 등지에서 쉽게 지도를 구할 수 있으니 둘러볼 관광지를 미리 조사한 뒤 숙소나 호텔의 프런트데스크에서 여행문의를 해 보는 것이 좋다. 왜냐하면 시내관광은 시내버스나 택시로 충분하지만, 시내에서 좀 떨어진 교외는 교통편이 극히 제한적이어서 현지 여행사의 프로그램에 합류하는 것이 더 경제적이며 효율적이기 때문이다.

일반적으로 태국 각지에 있는 호텔이나 여행사에서는 현지 관광을 알선하는 여행업무도 하고 있으므로 이곳에 가서 자기가 가고 싶은 여행 일정을 문의하고 예약하면 아주 편리하다. 비록 여행하는 사람이 한 사람일 경우라도 항상 가이드가 따라 다니므로 걱정할 필요가 없다. 기차나 비행기표 구매 역시 약간의 수수료를 지불하더라도 호텔이나 여행사의 서비스를 받는 것이 훨씬 정확하고 안전하다.

타이복싱 관람

유럽에 가서는 오페라를, 미국에 가면 뮤지컬을 꼭 감상하고 오는 것이 여행자들의 불문률처럼 되어 있듯이 태국에 가면「무어이타이」즉 타이복싱 관람이 필수이다.

타이복싱은 전통과 격식을 자랑하는 태국의 국기로 태국인들에게 아주 인기있는 스포츠이다. 선수들 못지않게 환성과 괴성을 지르며 응원하는 태국인들의 열광을 보고 있노라면 온화하고 예절바르기로 소문난 태국인들의 또다른 면모를 볼 수 있는 기회가 될 것이다.

방콕의 타이복싱 경기장은 라마 4세가에 있는「룸피니」경기장과

랏차담느가에 있는 「랏차담느」경기장이 있으며 요금과 시간은 경기에 따라 다르므로 현지에서 직접 확인해야 한다.

태국의 화장실

태국에서는 어떤 오지를 가도 변기에 물을 사용하는 화장실이 있으니 혹 지방이나 농촌의 벽지를 여행하려는 여행자들은 아무 걱정할 필요가 없다.

여기서 물을 사용한다는 것은 수세식이나 양변기가 있는 화장실을 의미하는 것이 아니라, 용변을 본 후 항아리에 있는 물을 이용하여 흘려보내는 것을 의미한다. 사용후 휴지는 따로 휴지통에 넣으면 된다. 혹 일부 지방에서는 아직도 왼손을 사용하여 물로 닦는 곳도 있다. 이와 관련하여 일반적으로 태국인들에게 각종 물건을 건넬 때 왼손을 사용하는 것을 삼가고 있으니 이 점 또한 명심하기 바란다.

관광 — 관광지를 물을 때

방콕에 어떤 관광지가 있나요?

프라깨우사원, 포사원, 수상시장, 악어농장 등이 있습니다.

어디에서 방콕지도를 살 수 있나요?

저희 호텔에도 있습니다.

한국어 할 수 있는 가이드 한 명을 구하고 싶습니다.

예, 제가 지금 소개시켜 드리지요.

하루에 얼마죠?

하루에 400바트입니다.

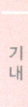

ในกรุงเทพมีสถานที่ท่องเที่ยวอะไรบ้าง
나이 끄룽 테^ㅂ 미- 싸 타-ㄴ티- 터^ㅇ 티-야우 아 라이바-ㅇ

มีวัดพระแก้ว วัดโพธิ์ ตลาดน้ำ ฟาร์มจระเข้ เป็นต้น
미- 왓 프라 깨^우 왓 포- 딸라-ㅅ 남 화-ㅁ 쩌라 케- 뻰 똔

ซื้อแผนที่กรุงเทพได้ที่ไหนครับ
쓰- 패^ㄴ 티- 끄룽테^ㅂ 다이 티- 나이 크랍

ในโรงแรมเราก็มีค่ะ
나이 로-ㅇ 래-ㅁ 라오 꺼- 미- 카

อยากจะหาไกด์ที่สามารถพูดภาษาเกาหลีได้หนึ่งคน
야^ㄱ 짜 하- 까이 티- 싸- 마^ㅅ 푸^ㅅ 파-싸-까오리- 다이 능 콘

ได้ค่ะ ดิฉันจะแนะนำให้เดี๋ยวนี้
다이 카 디찬 짜 내 남 하이 디-야우니-

ค่าจ้างวันละเท่าไรครับ
카- 짜-ㅇ 완 라- 타오 라이 크랍

วันละ 400 บาทค่ะ
완 라 ·씨- 러-이 바-ㅅ 카

관광 — 혼자 여행할 때 (길 묻기)

여기서 왕궁까지 멉니까?

별로 멀지 않습니다.

어떻게 가지요?

걸어서 약 10분이면 됩니다.

찾기가 어려울 것 같아요.

현재 당신의 위치는 여기입니다.

알겠습니다. 그런 다음엔요?

이쪽 방향으로 쭉 걸어가면 큰 광장이 보일 겁니다.

จากที่นี่ ถึงพระราชวังไกลไหม
짜-ㄱ티-니- 틍 프라라-ㅅ 차 왕 끄라이 마이

ไม่ค่อยไกลเท่าไรครับ
마이 커-이 끄라이타오 라이 크랍

ไปอย่างไรครับ
빠이 야-ㅇ 라이 크랍

เดินไปใช้เวลาประมาณ 10 นาทีค่ะ
더-ㄴ 빠이 차이 외- 라- 쁘라 마-ㄴ 씹 나- 티- 카

สงสัยจะหายาก
쏭 싸이 짜 하- 야-ㄱ

สถานที่ที่คุณอยู่ตอนนี้คือตรงนี้
싸 타-ㄴ 티-티- 쿤 유- 떠-ㄴ 니- 크- 뜨롱 니-

เข้าใจครับ แล้วต่อไปล่ะ
카오 짜이 크랍 래-우 떠- 빠이라

เดินตรงไปทางนี้ก็จะได้เห็นสนามใหญ่
더-ㄴ 뜨롱 빠이 타-ㅇ니-꺼-짜 다이 헨 싸 나-ㅁ 야이

관광 — 소재지를 물을 때

센트럴 백화점이 어디입니까?

씰롬거리에 있습니다.

여기서 어떻게 가야 하지요?

먼저 2번 버스를 타고 씰롬거리 37번 골목에서 내리세요.

차를 갈아타야 합니까?

아니오.

모두 몇 정거장을 가야 합니까?

여기서부터 여섯 정거장입니다.

ห้างสรรพสินค้าเซ็นทรัลอยู่ที่ไหนครับ
하`-ㅇ 쌉 파 씬 카`- 쎈 트란 유`- 티̂- 나이̌ 크랍

อยู่ถนนสีลมค่ะ
유`- 타 논 씨̌-롬 카̂

จากที่นี่ไปอย่างไรครับ
짜̀-ㄱ 티̂-니̂- 빠이 야̀-ㅇ 라이 크랍

นั่งรถเมล์สาย2ก่อน แล้วลงที่ซอย37ถนนสีลมครับ
낭̂ 롯메- 싸̌-이싸̌-ㅇ꺼̀-ㄴ 래-우 롱티̂-싸̌-이싸̌-ㅁ씹쩻 타 논 씨̌-롬 크랍

ต้องเปลี่ยนสายหรือเปล่าครับ
떠̂-ㅇ 쁘리̀-얀 싸̌-이 르̌- 쁘라̀오 크랍

ไม่ต้องค่ะ
마이̂ 떠̂-ㅇ 카̂

ไปทั้งหมดกี่ป้ายครับ
빠이 탕 못 끼̀- 빠̂-이 크랍

จากที่นี่ไปทั้งหมดหกป้ายค่ะ
짜̀-ㄱ 티̂-니̂- 빠이 탕 못 혹 빠̂-이 카̂

관광 — 길을 잃었을 때

좀 물어 볼게요.

여기가 쑤쿰윗거리입니까?

아니오. 여기는 랏차담는거리입니다.

큰일났어요. 길을 잃었어요.

어디 가시려고 했는데요?

어떻게 가야 합니까?

여기서 17번 버스를 타시면 됩니다.

ขอถามหน่อยครับ
커- 타-ㅁ 너-이 크랍

นี่ถนนสุขุมวิทใช่ไหมครับ
니- 타논 쑤쿰윗 차이 마이 크랍

ไม่ใช่ค่ะ นี่ถนนราชดำเนินค่ะ
마이 차이 카 니- 타논 라-ㅅ차담너-ㄴ 카

ตายจริง ผมหลงทางครับ
따-이 찡 폼 롱 타-ㅇ 크랍

จะไปไหนคะ
짜 빠이 나이 카

ไปอย่างไรครับ
빠이 야-ㅇ 라이 크랍

นั่งรถเมล์สาย 17 ไปได้ค่ะ
낭 롯메- 싸-이 씹쩻 빠이다이 카

관광 — 태국 내 단체여행 합류할 때

시내관광입니까, 아니면 교외관광입니까?

교외관광을 원합니다.

전일의 일정은 어떻습니까?

괜찮네요. 1인당 얼마죠?

1인당 700바트입니다.

참가하시겠어요?

예. 어떻게 하면 됩니까?

먼저 돈을 내시고, 이 서류를 작성하세요.

จะไปเที่ยวในเมืองหรือนอกเมือง
짜 빠이 티^야우 나이 므-엉 르- 너^ㄱ 므-엉

อยากจะไปเที่ยวนอกเมือง
야^-ㄱ 짜 빠이 티^야우 너^-ㄱ 므-엉

โปรแกรมเที่ยวทั้งวันมีอะไรบ้าง
쁘로- 끄래-ㅁ 티^야우 탕 완 미- 아 라이 방^

ก็ดีครับ ค่าทัวร์คนละเท่าไร
꺼^- 디- 크랍 카^- 투-어 콘 라 타오 라이

คนละ 700 บาทค่ะ
콘라 쩻 러-이 바^-ㅅ 카^-

จะไปด้วยไหมคะ
짜 빠이 두^-어이 마이 카

ครับ จะให้ผมทำอย่างไรครับ
크랍 짜 하이 폼 탐 야^-ㅇ 라이 크랍

จ่ายเงินก่อนแล้วกรอกลงในแบบฟอร์มนี้ค่ะ
짜^-이 응어^-ㄴ 꺼^-ㄴ 래^-우 끄러^-ㄱ 롱 나이 배^-ㅂ 훠^-ㅁ 니^- 카^-

관광 태국인과 함께 여행할 때 (1)

오늘 무슨 계획 있으세요?

전 오늘 별로 특별한 계획이 없어요.

제가 당신을 모시고 몇몇 명승지를 보여드리고 싶은데요.

매우 좋습니다.

어딜 가고 싶으세요?

태국에 대해서 하나도 몰라요.

당신이 데려가시는 대로 전 따라 갈 거예요.

좋습니다. 출발합시다.

วันนี้มีโปรแกรมอะไรบ้าง
완니- 미- 쁘로- 끄래-ㅁ 아라이 바-ㅇ

สำหรับวันนี้ผมไม่ค่อยมีโปรแกรมอะไรพิเศษ
쌈랍 완니- 폼 마이 커-이 미- 쁘로- 끄래-ㅁ 아라이 피쎄-ㅅ

ผมอยากจะพาคุณไปชมสถานที่ที่มีชื่อเสียงบางแห่ง
폼 야-ㄱ 짜 파- 쿤 빠이 촘싸타-ㄴ 티-티-미-츠- 씨-양 바-ㅇ해-ㅇ

ดีมากครับ
디- 마-ㄱ 크랍

คุณอยากจะไปเที่ยวที่ไหนบ้าง
쿤 야-ㄱ 짜 빠이티-야우티- 나이 바-ㅇ

ผมไม่มีความรู้เรื่องเมืองไทยเลย
폼 마이 미- 콰-ㅁ 루- 르-엉 므-엉 타이 러-이

ผมจะไปตามที่คุณพาไปนะครับ
폼 짜 빠이 따-ㅁ 티- 쿤 파- 빠이 나 크랍

ดีครับ ไปซิครับ
디- 크랍 빠이 씨 크랍

관광 — 태국인과 함께 여행할 때 (2)

여기는 방콕에서 가장 큰 박물관입니다.

그래요? 굉장히 웅장하네요.

이 건물은 아유타야시대 건물이지요?

맞습니다. 태국에 대해 많이 아시네요.

오늘 정말 인상깊었습니다.

계속 당신께 폐만 끼쳤습니다.

저를 계속해서 보살펴 주셔서 진심으로 감사드립니다.

천만에요.

นี่คือพิพิธภัณฑ์ที่ใหญ่ที่สุดในกรุเทพ
니- 크- 피핏타이 판 티- 야이 티- 쑷 나이끄룽테-ㅂ

งั้นหรือครับ สวยหรูหราทีเดียว
응안 르- 크랍 쑤-아이 루- 라- 티- 디-야우

ตึกนี้เป็นตึกสมัยอยุธยาใช่ไหมครับ
뜩 니- 뻰 뜩 싸마이 아유타야- 차이 마이 크랍

ใช่ครับ คุณรู้จักเมืองไทยดีมาก
차이 크랍   쿤 루- 짝 므-엉 타이 디-마-ㄱ

วันนี้รู้สึกประทับใจมากครับ
완 니- 루- 쓱 쁘라탑 짜이 마-ㄱ 크랍

ผมรบกวนคุณมาตลอด
폼 롭 꾸-언 쿤 마- 따러-ㅅ

ขอขอบคุณมากที่ได้กรุณาดูแลผมมาตลอด
커- 커-ㅂ 쿤 마-ㄱ 티- 다이 까루나- 두- 래- 폼 마- 따 러-ㅅ

ไม่เป็นไรครับ
마이 뻰 라이 크랍

기본표현 | 기내 | 공항 | 호텔 | 식당 | 교통 | 관광 | 쇼핑 | 비즈니스&골프 | 공공시설 | 긴급상황 | 귀국

관광 — 기타 유용한 표현

좀 천천히 말씀해 주세요.

~에 가고 싶습니다.

제게 길 안내 좀 해 주세요.

이 길을 무슨 길이라고 부릅니까?

어떤 종류의 프로그램이 있습니까?

어디에서 살 수 있나요?

기념품 파는 곳이 있나요?

휴게실(화장실, 매점)이 어디입니까?

กรุณาพูดช้า ๆ หน่อยครับ
까루나- 푸ㅅ 차- 차- 너~이 크랍

อยากจะไปที่ ~
야~ㄱ 짜 빠이티-

ช่วยนำทางให้ผมหน่อย
추~어이 남 타-ㅇ 하이 폼 너~이

ถนนนี้เรียกว่าถนนอะไรครับ
타논 니- 리~약 와- 타논 아 라이 크랍

มีโปรแกรมทัวร์อะไรบ้าง
미- 쁘로- 끄래-ㅁ 투~어 아 라이 바~ㅇ

ซื้อได้ที่ไหนครับ
쓰- 다이 티- 나이 크랍

มีร้านขายของทีระลึกไหมครับ
미- 라-ㄴ 카이 커~ㅇ 티- 라 륵 마이 크랍

ห้องพัก(ห้องสุขา, ร้านขายของ)อยู่ที่ไหนครับ
허~ㅇ 팍 (허~ㅇ 쑤카-, 라-ㄴ 카이 커~ㅇ) 유- 티- 나이 크랍

관광 — 박물관 구경할 때

외국인표 한 장 주세요.

영어안내원이 있습니까?

매일 오전 10시와 오후 2시에 있어요.

저기에 설명서가 있으니 가져가세요.

여기에는 무슨 공연이 있습니까?

안에서 사진 찍어도 됩니까?

몇 시에 문을 닫습니까?

오후 6시입니다.

ขอตั๋วสำหรับคนต่างชาติ หนึ่งใบ
외국인 쌉립 콘 따-ㅇ차-ㅅ 능 바이

มีคนนำที่สามาพูดภาษาอังกฤษไหมครับ
미- 콘 남 티- 싸- 마-ㅅ 푸-ㅅ 파- 싸- 앙 끄릿 마이 크랍

มี 10 โมงเช้ากับบ่ายสองโมงทุกวัน
미- 씹 모-ㅇ 차오 깝 바-이 써-ㅇ 모-ㅇ 툭 완

หนังสือคู่มืออยู่ที่นั่น เอาไปด้วยได้ค่ะ
낭 쓰- 쿠- 드- 유- 티- 난 아오 빠이두-어이다이카

ที่นี่มีการแสดงอะไรบ้างครับ
티- 니- 미- 까-ㄴ 싸대-ㅇ 아라이 바-ㅇ 크랍

ถ่ายรูปข้างในได้ไหมครับ
타-이 루-ㅂ 카-ㅇ 나이 다이 마이 크랍

ประตูปิดกี่โมงครับ
쁘라뚜- 삣 끼- 모-ㅇ 크랍

6 โมงเย็นค่ะ
혹 모-ㅇ 옌 카

관광 — 극장 관람할 때

오늘은 태국영화를 상영합니다.

외국영화는 없나요?

표 한 장만 주세요.

어떤 좌석으로 드릴까요?

앞쪽으로 주세요.

50바트입니다.

몇 시에 시작합니까?

곧 시작됩니다.

วันนี้ฉายหนังไทยค่ะ
완 니- 차이 낭 타이 카

ไม่มีหนังฝรั่งหรือครับ
마이 미- 낭 화랑 르- 크랍

ขอตั๋วหนึ่งใบ
커- 뚜어 능 바이

จะเอาที่นั่งทางไหนคะ
짜 아오 티- 낭 타-ㅇ 나이 카

ขอข้างหน้าครับ
커- 카-ㅇ 나- 크랍

50 บาทค่ะ
하-씹 바-ㅅ 카

เริ่มฉายกี่โมงครับ
러-ㅁ 차이 끼- 모-ㅇ 크랍

ฉายเดี๋ยวนี้เลยค่ะ
차이 디아우 니- 러이 카

관광 — 화장실 찾을 때

실례지만 이 근처에 공중화장실이 있습니까?

저기 빨간색 건물 보이시죠? 거기서 왼쪽으로 돌아가세요.

여보세요. 먼저 돈을 내셔야죠.

화장실도 돈을 내야 합니까?

들어가시면

오른쪽이 여성용이고

왼쪽이 남성용입니다.

ขอโทษ แถวนี้มีห้องน้ำสาธารณะไหมครับ
커- 토-ㅅ 태-우 니- 미- 허-ㅇ 남 싸-타-라나 마이 크랍

เห็นตึกแดงโน่นใช่ไหม เลี้ยวซ้ายจากที่นั่นครับ
헨 뜩 대-ㅇ 노-ㄴ 차이 마이 리-여우 싸-이 짜-ㄱ 티- 난 크랍

คุณค่ะ จ่ายเงินก่อนค่ะ
쿤 카 짜-이 응어-ㄴ꺼-ㄴ 카

ใช้ห้องน้ำก็ต้องจ่ายเงินด้วยหรือครับ
차이 허-ㅇ 남 꺼- 떠-ㅇ 짜-이 응어-ㄴ 두-어이 르- 크랍

เข้าไปข้างในแล้ว
카오 빠이 카-ㅇ 나이 래-우

ทางขวาสำหรับผู้หญิง
타-ㅇ 콰- 쌈 랍 푸-잉

ทางซ้ายสำหรับผู้ชายค่ะ
타-ㅇ 싸-이 쌈 랍 푸-차-이 카

관광 — 사진촬영을 부탁할 때

실례지만, 사진 좀 찍어 주실래요?

예. 그런데 이 사진기 어떻게 사용하나요?

이곳을 누르기만 하면 됩니다.

자, 웃으세요. 하나, 둘, 셋.

감사합니다. 당신과 같이 찍어도 됩니까?

좋습니다.

잠깐만!

거리에서 태국인을 촬영하고자 할 때는 반드시 먼저 상대방에게 양해를 구하고, 촬영이 끝나면 「컵쿤막(감사합니다)」이라고 인사를 하는 것이 예의다.

ขอโทษ ช่วยถ่ายรูปให้หน่อยได้ไหมครับ
쳐- 토-ㅅ 추-어이 타-이 루-ㅂ 하이 너-이 다이 마이 크랍

ได้ค่ะ แต่กล้องนี้ถ่ายอย่างไรคะ
다이 카- 때- 끄라-ㅇ 니- 타-이 야-ㅇ 라이 카-

กดตรงนี้เลยครับ
꽃 뜨롱 니- 러-이 크랍

ยิ้มหน่อยค่ะ หนึ่ง สอง สาม
yim 너-이 카- 능 써-ㅇ 싸-ㅁ

ขอบคุณครับ ขอถ่ายรูปกับคุณได้ไหม
커-ㅂ 쿤 크랍 커- 타-이 루-ㅂ 깝 쿤 다이 마이

ได้ครับ
다이 크랍

Chapter 08 쇼핑

> Tip 물건 사기

백화점에서

시장에서

가격 흥정하기

물건을 바꿀 때

기타 유용한 표현

Tip. 물건 사기

태국내에서 백화점이나 쇼핑센터 같은 곳에서는 대개 정찰제를 채택하고 있으며 이런 곳에서는 물건 값이 비싸고 바가지를 쓰기 쉽다. 특히 태국 토산품이나 기념품을 파는 곳이라면 더욱더 그러해서 실제 가격보다 아주 높게 책정되어 있으므로 가격의 반 이상까지 흥정을 하여도 살 수 있는 경우도 있다.

시간을 내어서 태국인들이 즐겨 찾는 서민들의 재래시장을 이용하면 물건도 싸게 살 수 있고 태국인들의 삶의 일부분도 접할 수 있는 좋은 기회가 될 것이다.

특히 방콕의 중심가에서 얼마 떨어지지 않은 곳에 있는 「쁘라뚜남」에 있는 시장은 흡사 서울의 남대문시장과 비슷하여 작은 노점상 뿐만 아니라 각종 생활용품과 식료품 그리고 의류상점이 집중적으로 모여있고, 생선이나 야채, 과일도 많아 활기차게 살아있는 태국인들의 삶을 맛볼 수 있다.

또 저녁때가 되면 대로변을 따라 각종 음식을 파는 포장마차가 즐비하게 늘어서 왕래하는 사람을 유혹한다.

이외에 「야와랏」이라고 부르는 차이나타운(China Town) 또한 쇼핑을 원하는 관광객들에게는 빼놓을 수 없는 지역으로 이 지역에 가면 없는 것이 없을 정도로 다양한 물건과 음식을 맛볼 수 있어 그야말로 방콕을 대표하는 곳 중의 하나라고 할 수 있다.

또한 방콕에서 가장 크고 매력적인 시장으로 센츄럴플라자 호텔에서 멀지 않은 짜뚜짝 공원(Chatuchak Park)에서 토요일과 일요일에 장이 서는 짜뚜짝 주말시장이 있다. 이곳에서는 청·백자기로부터 다양한 난초에 이르기까지 태국에서 생산되는 거의 모든 제품이 판매되며, 수많은 사람들이 물건을 사거나 분위기를 즐기기 위해 모여든다. 태국실크, 은제품, 동제품, 도자기, 납제품, 보석원석과 가공된 보석 그리고 눈부신 민속 수공예품 및 악어와 뱀

가죽 제품 등은 독특한 태국의 특산물로 잊을 수 없는 선물과 기념물이 될 수 있다.

쇼핑 — 백화점에서

무엇을 도와드릴까요?

태국 실크를 사고 싶습니다.

이것은 얼마입니까?

50바트 / 100바트 / 200바트입니다.

좀 깎아 주실 수 없어요?

미안합니다. 이것들뿐이에요.

포장해 드릴까요?

따로따로 포장해 주세요.

มีอะไรให้ช่วยคะ
미- 아라이 하이추-어이카

อยากจะซื้อผ้าไหมไทย
야-ㄱ 짜 쓰- 파- 마이 타이

นี่เท่าไรครับ
니- 타오 라이 크랍

50 บาท / 100 บาท / 200 บาท
하- 씹 바-ㅅ / 러-이 바-ㅅ / 써-ㅇ러-이바-ㅅ

ขอลดหน่อยได้ไหมครับ
커- 롯 너-이 다이 마이 크랍

ขอโทษ มีแค่นี้ค่ะ
커- 토-ㅅ 미- 캐- 니-카-

ห่อด้วยไหมคะ
허-두-어이 마이 카

ห่อ ชินละหนึ่งอัน
허- 친 라 능 안

207

쇼핑 시장에서

무엇을 원하십니까?

대부분 각종 생활용품을 팝니다.

좋은 것으로 골라 주세요.

저 빨간색 어떠세요?

어떻게 팝니까?

미터 당 120바트입니다.

10m만 주세요.

คุณต้องการอะไรคะ
쿤 떠ˆ-o 까-ㄴ 아라이카

ส่วนใหญ่ขายของจำเป็น
쑤ˆ-언 야이 카-이 커ˇ-o 짬 뻰

ช่วยเลือกของดี ๆ หน่อยครับ
추ˆ-어이 르ˆ-억 커ˇ-o 디- 디- 너-이 크랍

ผ้าสีแดงโน้นเป็นอย่างไรคะ
파ˆ- 씨ˇ- 대-o 노ˆ-ㄴ 뻰 야ˋ-o 라이 카

ขายอย่างไรครับ
카ˇ-이 야ˋ-o 라이 크랍

เมตรละ 120 บาทค่ะ
메-ㅅ 라 능러-이어-씹바-ㅅ카

ขอ 10 เมตรครับ
커ˇ- 씹 메-ㅅ 크랍

쇼핑 — 가격 흥정할 때

이것 어떻게 팔지요?

왜 이렇게 비쌉니까?

좀 깎아 주세요.

좋아요. 10%할인해 드리면 되겠죠?

좀 더 싸게 해 주세요.

안돼요. 벌써 손해난 걸요.

180바트에 주세요.

알겠습니다. 단골손님으로 오신것으로 칩시다.

อันนี้ขายอย่างไรครับ
อัน นี้- คา-이 야-ㅇ 라이 크랍

ทำไมแพงอย่างนี้
탐 마이 패-ㅇ 야-ㅇ 니-

ขอลดหน่อยครับ
커- 롯 너-이 크랍

โอ เค ค่ะ ลด 10% ให้ ดีไหมคะ
오- 케- 카 롯 씹빠-쎄-ㄴ하이 디- 마이 카

ขอถูกกว่านี้อีกหน่อยครับ
커- 투-ㄱ 꽈- 니- 이-ㄱ 너-이 크랍

ไม่ได้ค่ะ ขาดทุนแล้ว
마이 다이 카 카-ㅅ 툰 래-우

ขอเป็น 180 บาท
커- 뻰 능러-이빠-ㅅ씹바-ㅅ

โอเคค่ะ เอาไว้มาเป็นลูกค้าประจำก็แล้วกัน
오- 케- 카 아으 와이 마- 뻰 루-ㄱ 카- 쁘라짬 꺼- 래-우 깐

쇼핑 — 물건을 바꿀 때

이 물건을 바꾸려고 왔습니다.

무슨 문제 있습니까?

작동하지 않죠?

환불을 하려고 하는데요.

잠깐만!

방콕에 있는 많은 백화점들과 상점들이 정찰제를 실시하고 있지만 대부분의 상점에서는 흥정이 가능하다. 일부 백화점에서는 보석류나 고급가구와 같은 고가품목에 대해서 할인을 해 주기도 한다. 기억해야 할 점은 태국인들은 좋은 매너와 유머감각을 존중하며, 큰 목소리를 내거나 화를 내는 사람에게는 오히려 냉담해지는 경향이 있다는 것이다.

한편, 태국을 방문하는 많은 관광객들로 인해 상점들은 해외로 물건을 발송해 주며, 보험·관세 및 필요한 제증명과 같은 모든 서류를 준비해 놓고 있다. 대형품목이나 다량으로 발송하는 경우에는 쇼핑센터에 의뢰하면 되고, 소량발송을 하고자 하는 경우에는 중앙우체국을 이용한다.

ผมมาขอเปลี่ยนของอันนี้
폼 마- 꺼- 쁠리-얀 커-ㅇ 안 니-

มีปัญหาอะไรคะ
미- 빤 하- 아 라이카

ไม่ทำงานใช่ไหมครับ
마이 탐 응아-ㄴ 차이 마이 크랍

อยากจะขอเงินคืน
야-ㄱ 짜 커- 응어-ㄴ크ㅡ-ㄴ

쇼핑 — 기타 유용한 표현

실례합니다만, ~을 사고 싶은데요.

얼마입니까?

다른 것을 좀 보여 주세요.

무슨 색이 있나요?

좀 더 큰(작은) 것도 있나요?

이것(저것)으로 주세요.

좀 더 싸게 해 주세요.

따로 포장해 주시겠어요?

ขอโทษ อยากซื้อ ~
쵀- 토^ㅅ 야ː-ㄱ 쓰-

ราคาเท่าไรครับ
라- 카- 타오 라이 크랍

ขอดูของอย่างอื่นหน่อย
쵀- 두- 쵀-ㅇ 야ː-ㅇ 으-ㄴ 너-이

มีสีอะไร
미-씨-아라이

ที่ใหญ่(เล็ก)กว่านี้มีไหม
티- 아이 (렉) 꽈- 니-미- 마이

ขออันนี้(อันโน้น)
쵀- 안 니- (안 노-ㄴ)

ขอลดกว่านี้อีกหน่อย
쵀- 롯 꽈- 니- 이ː-ㄱ 너-이

ขอห่อเป็นชิ้นละอันหน่อย
쵀- 허- 뺀 친 라 안 너-이

Chapter 09 비즈니스 & 골프

| Tip 태국과 비즈니스 | Tip 골프장 이용 |

회사 방문할 때	전화통화	세컷샷 지점에서(1)
공장 견학할 때	골프장 프런트에서	세컷샷 지점에서(2)
업무 상담할 (1)	티업하러 가면서(1)	그린에서(1)
업무 상담할 (2)	티업하러 가면서(2)	그린에서(2)
계약 체결할 때	티업 10번 홀에서(1)	골프를 마치면서(1)
접대에 응했을 때	티업 10번 홀에서(2)	골프를 마치면서(2)

Tip. 태국과 비즈니스

태국과의 비즈니스

 1980년대 후반부터 태국이 고도성장국으로 접어들게 됨에 따라 경제면에서 우리나라와의 관계가 급속히 진전되었다.

 일반적으로, 중국계가 많은 태국상인들의 상술에 대처하고 우위적인 위치에서 비즈니스를 전개해 나가자면 사전에 충분한 지식을 갖고 대비를 해야 할 것이다.

 태국상인들은 거래를 할 때 단번에 결론을 내리지 않으며, 우리보다 더 오랜 경험과 상술로 몇 차례의 조정을 거듭한 후 우리측이 더이상 응할 수 없는 한계선까지 인내하면서 상담을 한다. 당장 만났을 때 말할 수 있는 것도 가급적이면 한번 더 생각해 본 후, 다음날도 요청에 의하여 대답하거나 늦게 알려준다. 따라서 단순히 한두번 자신의 이익에 부합되지 않는다하여 성의없이 대하면 결국 어떤 태국인과도 교류를 하더라도 상호이익이 되는 건설적인 우호관계를 맺기가 어렵다.

 태국인 역시 우리와 동일한 동양문화를 공유하고 있기 때문에, 합리적이고 객관적인 사고방식에 적응하도록 훈련된 서양인들과는 달리 인정이나 관계, 의리 등의 감성적인 사고를 주로 한다는 점을 명심해 둘 필요가 있다.

 또한 태국인들은 예의범절을 중요시하는 민족이므로 처음부터 좋은 인상을 받도록 각별히 주의해야 한다. 예를 들면 대화시 큰 소리를 내거나, 물건을 주고 받을 때 왼손을 사용하거나, 앉을 때 양다리를 벌리거나 꼬고 앉는 것 등은 실례이다. 또한 태국사람들에게 있어서 발은 비천한 수족의 하나로 여겨져 발로 사람이나 물건을 가리키는 행동을 하지 않는 점은 상대방과 마주하고 있을 때 특히 주의해야 할 사항이다. 이외에도 태국인들은 머리를 신체의 가장 고상한 부분으로 여겨 머리를 쓰다듬는 행동은 하지 않는다는 점을 명심해 둘 필요가

있다.

보통 태국인들과의 첫대면에서는 가급적 인사말을 태국어로 하는 것이 좋은 인상을 받게 해 줄 것이다. 태국 사람들은 서로 인사를 할 때 악수를 하는 것이 아니라, 기도하는 자세와 같이 양손바닥을 합장한 자세로 목례를 한다. 일반적으로 손아랫사람이 위사람에게 먼저하고 손윗사람은 같은 자세로 이에 응답한다.

지극히 사무적이기보다는 우정으로 상대하면서 진실과 끈기와 인내를 갖고 여유로은 사고와 행동을 취할 때 태국인과의 비즈니스에서 성공을 이룰 수 있을 것이다.

Tip. 골프장 이용

태국의 골프 환경
태국은 푸른 숲과 아름다운 꽃 그리고 푸른 하늘 아래에서 마음껏 골프를 즐길 수 있는 나라이다. 비교적 평평한 코스에서 기복이 다양하고 길이가 긴 코스까지 코스의 종류도 다양하다. 한편, 국제 골프 규격을 갖추었으면서도 저렴한 비용으로 수준 높은 플레이를 만끽할 수 있는 세계에서도 몇 안 되는 골프 왕국이라 할 수 있다.

골프 시즌
태국은 건기인 11월에서 2월(푸켓을 포함한 남부는 12월부터)은 비가 거의 내리지 않아 쾌적한 환경에서 플레이를 즐길 수 있다. 코스 컨디션이 제일 좋은 이 때가 최적의 시기라 할 수 있다.

3월부터는 서서히 기온이 올라가는데, 꽃들이 들판을 화려하게 수놓은 속에서 즐기는 골프는 색다른 맛을 느낄 수 있게 해 준다. 4월의 쏭끄란(태국의 설날)을 지난 즈음이 일 년 중 가장 더운 시기이다.

5월 이후에는 우기로 접어드는데, 우기라고 해도 하루종일 비가 내리는 일은 별로 없고, 오히려 더욱 푸른 자연을 느낄 수 있어서 더욱 상쾌한 필드의 맛과 함께 골프를 즐길 수 있다.

골프 예절
골프는 흔히 신사들의 스포츠라 일컬어지며, 예절을 중요시하는 스포츠이다.

① 복장
골프웨어에는 어느 정도의 규칙이 있다. 가령, 깃 없는 옷이나 노슬립 등은 입어서는 안 된다. 가급적 시중에서 파는 전문 골프웨어를 구입해 입는 것이 무난하다.

② 볼의 식별 마크
자신의 볼에 표시를 해 두어야 한다.

③ 볼을 치기 전의 안전 확인

휘두른 클럽이나 스윙 실수로 작은 돌을 칠 수 있으므로, 스윙 지점 가까이에 또는 볼이 날아갈 위치에 사람이 없는 것을 확인한 후에 스윙을 해야 한다. 따라서 자신의 최대 비거리 이상을 앞 조가 나간 후 샷을 해야 한다. 만일의 경우 사람들이 있는 곳으로 볼이 날아가면 곧 큰소리로 "포어(FORE)"라고 소리를 질러 위험을 알려야 한다.

④ 코스 및 그린 보호

스윙으로 떨어져 나간 잔디(디봇)는 반드시 원래의 디봇 자국에 메우고 다진다. 또한 볼이 온그린 되면 볼 마크(볼이 떨어져 들어간 자국 = 피치 마크)를 골라 주어야 한다. 그린 위를 걸을 때도 그린이 손상되지 않도록 주의하고, 동방 즈기자의 라인을 밟지 말아야 한다.

⑤ 플레이 방해 금지

플레이어가 샷을 할 때는 플레이어의 시야에 들지 않아야 한다. 특히 퍼트를 할 때는 고도의 정신 집중이 요구되므로, 엄수하여야 한다.

⑥ 신속한 플레이

샷을 마치면 다음에 사용할 클럽을 챙겨 다음 장소로 신속하게 이동한다. 그리고 분실구 발생 또는 OB나 워터 해저드로 들어갈 수 있으므로 미리 예비 볼을 준비해 둔다.

⑦ 18홀을 모두 마친 후

18홀을 전원이 홀 아웃하고 나면 '고맙습니다' 또는 '수고하셨습니다' 하며 캐디와 다른 플레이어에게 즐거운 플레이에 대한 감사의 표시를 한다. 클럽 하우스에 돌아오면 캐디의 지시에 따라 전표에 라운드 수와 클럽 확인의 사인을 한다. 클럽 하우스에 들어가기 전에 옷의 먼지를 털고 신발을 손질하도록 한다.

비즈니스 & 골프 — 회사 방문할 때

안녕하세요! 누구를 찾으십니까?

저는 사장님과 10시에 만나기로 약속했는데요.

잠시만 기다리세요.

안녕하세요. 저는 서울무역회사의 김대중입니다.

저희 회사를 방문해 주셔서 감사드립니다.

저도 마찬가지입니다. 이번에는 일전에 팩스로 상의드렸던 일을 상담하고 싶습니다.

좋습니다. 먼저 차 한 잔 하시고 얘기합시다.

สวัสดีค่ะ มาหาใครคะ
싸왓디- 카 마- 하- 크라이 카

ผมนัดกับท่าน ประธานไว้เวลา 10 โมงเช้า
폼 낫 깝 타-ㄴ 쁘라타-ㄴ 와이 왜-라 씹 모-ㅇ 차오

กรุณารอสักครู่ค่ะ
까루나- 러- 싹 크루- 카

ผมชื่อ คิม แด จุง ของบริษัทการค้าโซล
폼 츠- 킴 대- 쭝 커-ㅇ 버 리 쌋 까-ㄴ 카- 쏘-ㄹ

ขอขอบคุณมากที่ได้มาเยี่ยมบริษัทของเรา
커- 커-ㅂ 쿤 마-ㄱ 티- 다이 마- 이얌 버 리 쌋 커-ㅇ 라오

ผมก็เช่นเดียวกันครับ คราวนี้อยากจะปรึกษาหารือ
폼 꺼- 체-ㄴ디-야우깐 크랍 크라-우니- 야-ㄱ 짜 쁘륵싸- 하-르-

เกี่ยวกับเรื่องที่ได้เจรจาโดยทางแฟกส์เมื่อวันก่อน
끼야우 깝 르-엉 티- 다이쩨- 라 짜- 도-이타-ㅇ 홰-ㄱ 므-어 완꺼-ㄴ

ดีครับ ดื่มน้ำชาก่อนแล้วค่อยคุยกันนะครับ
디- 크랍 드-ㅁ 남 차- 까-ㄴ 래-우 커-이 쿠이 깐 나 크랍

223

비즈니스 & 골프 - 공장 견학할 때

이곳은 저희의 생산공장입니다.

참 크군요. 종업원이 총 몇 명입니까?

이 공장에선 원료만을 가공합니까?

아니오. 완성품도 생산합니다.

이것이 저희 회사 상품의 카탈로그입니다.

이런 상품들은 국내에만 판매합니까?

이곳의 시설은 모두 태국에서 제작한 것입니까?

오늘 귀사를 견학할 수 있는 기회를 주셔서 대단히 감사합니다.

นี่คือโรงงานผลิตของเรา
니- 크- 로-ㅇ 응아-ㄴ 팔릿 커-ㅇ 라오

ใหญ่เหลือเกิน พนักงานทั้งหมดกี่คนครับ
야이 르-어 끄ㅓ-ㄴ 파낙 응아-ㄴ 탕 못 까- 콘 크랍

ที่โรงงานนี้ทำเฉพาะวัตถุดิบหรือ
티- 로-ㅇ 응아-ㄴ 니- 탐 차퍼 왓투딥 르-

เปล่าครับ ผลิตของสำเร็จรูปด้วย
쁘라오 크랍 팔릿 커-ㅇ 쌈렛 루-ㅂ 두-어이

นี่คือแค็ทตาล็อกสินค้าของบริษัทเรา
니- 크- 쾟 따-럭 씬 카- 커-ㅇ 버리쌋 라오

สินค้าพวกนี้ขายเฉพาะในประเทศหรือครับ
씬 카- 푸-억 니- 카-이 차 퍼 나이 쁘라테-ㅅ 르- 크랍

อุปกรณ์การผลิตทั้งหมดที่นี่ทำที่ประเทศไทยหรือครับ
우빠꺼-ㄴ까-ㄴ 팔릿 탕 못 티- 니- 탐 티- 쁘라케-ㅅ 타이 르- 크랍

ขอขอบคุณมากที่ได้มีโอกาสให้ชมบริษัทของท่านได้
커- 커-ㅂ 쿤 마-ㄱ 티-다-이미-오-까-ㅅ하이촘 버리쌋 커-ㅇ타-ㄴ다이

비즈니스 & 골프 — 업무 상담할 때(1)

어느 상품에 흥미가 있으신지 말씀하시지요?

저희는 귀사의 실크에 대해 흥미가 있습니다.

그러면, 먼저 저희 상품의 견본을 보세요.

아주 좋습니다. 특히 이 몇 종류는

한국시장판매가 대단히 밝다고

생각합니다.

저도 그렇게 생각합니다. 다른 나라에서도

역시 그 물건들에 관심이 있습니다.

กรุณาบอกว่าสนใจสินค้าประเภทไหนครับ
까루나- 버-ㄱ 와- 쏜 짜이 씬카- 쁘라페-ㅅ 나이 크랍

เราสนใจผ้าไหมของบริษัทของท่าน
라오 쏜짜이 파- 마이 커-ㅇ 버리쌋 커-ㅇ 타-ㄴ

ถ้างั้นดูตัวอย่างสินค้าของบริษัทเราก่อน
타- 응안 두- 뚜-어 야-ㅇ 씬카- 커-ㅇ 버리쌋 라오 꺼-ㄴ

ดีมากครับ โดยเฉพาะอย่างยิ่งผมคิดว่าสินค้าบาง
디- 마-ㄱ 크랍 도-이 차퍼 야-ㅇ 잉 폼 킷 와-씬카- 바-ㅇ

ประเภทเหล่านี้มีอนาคตสดใสมากที่สามารถจะ
쁘라페-ㅅ 라오 니- 미- 아 나- 콧 쏫 싸이 마-ㄱ 티- 싸- 마-ㅅ짜

นำไปขายในประเทศเกาหลีได้อย่างแน่นอน
남 빠이 카-이 나이 쁘라테-ㅅ 까오리- 다이 야-ㅇ 내- 너-ㄴ

ผมก็คิดว่าอย่างนั้นครับ ที่ต่างประเทศอื่น ๆ
폼 꺼- 킷 와- 야-ㅇ 난 크랍 티-따-ㅇ쁘라테-ㅅ으-ㄴ으-ㄴ

ก็สนใจสินค้าเหล่านี้เหมือนกันครับ
꺼- 쏜 짜이 씬 카- 라오 니- 므언 깐 크랍

비즈니스 & 골프 업무 상담할 때(2)

F.O.B. 가격은 어떻습니까?

이것이 저희의 제시 가격표입니다.

제가 생각하기에 좀 비싸군요. 이렇다면,

가격면에서 한국에서 경쟁력이 없습니다.

그러세요? 만약 우리에게 구매 수량을 말씀해 주

신다면 가격 문제는 최대한 더 깎을 수 있습니다.

좋습니다. 저희는 귀사와의 거래가 성사되길

진심으로 희망합니다.

สำหรับราคา เอฟ โอ บี เป็นอย่างไรครับ
쌈랍 라-카- 에-ㅂ 오-비- 뻰 야-ㅇ 라이 크랍

นี่คือรายการราคาที่เราจะเสนอให้ได้
니- 크- 라이 까-ㄴ 라- 카- 티- 라오 짜 싸너- 하이다이

ผมคิดว่าแพงไปหน่อย ถ้าเป็นราคาอย่างนี้
폼 킷 와- 패-ㅇ 빠이 너이 타- 뻰 라- 카- 야-ㅇ 니-

ก็อาจจะไม่มีกำลังแข่งขันในประเทศเกาหลี
꺼- 아-ㅅ 짜 마이 미- 깜 랑 캐-ㅇ 칸 나이 쁘라테-ㅅ 까오 리-

งั้นหรือครับ ถ้าหากบอกจำนวนที่จะซื้อให้แก่เรา
응안 르- 크랍 타- 하-ㄱ 버-ㄱ 짬 누-언 티- 짜 쓰- 하이 깨 라오

เรื่องราคาก็สามารถที่จะลดได้อีกเท่าที่จะทำได้
르-엉 라- 카- 꺼- 싸- 마-ㅅ 티- 짜 롯 다이 -ㄱ타오티- 짜탐 다이

ดีครับ เราหวังเป็นอย่างยิ่งว่าจะ
디- 크랍 라오 왕 뻰 야-ㅇ ying 와- 짜

สามารถทำธุรกิจกับบริษัทของคุณได้
싸- 마-ㅅ 탐 투라낏 깝 버리쌋 커-ㅇ 쿤 다이

229

비즈니스 & 골프 — 계약 체결할 때

이것은 저희들이 만든 계약서인데,

먼저 자세히 검토해 보시죠.

영문계약서는 없습니까?

있습니다. 이것이 영문본입니다.

뭐 또 다른 의견이 있으십니까?

없습니다.

그러면 이곳에 사인하시죠.

앞으로도 더욱 좋은 협조를 희망합니다.

นี่เป็นหนังสือสัญญาที่เราได้ทำไว้
니- 뻰 낭 쓰- 싼 야- 티- 라오 다이탐와이

กรุณาตรวจอย่างละเอียดก่อนนะครับ
까루나- 뜨루-앗 야-ㅇ 라 이-얏 꺼-ㄴ 나 크랍

ไม่มีหนังสือสัญญาฉบับภาษาอังกฤษหรือครับ
마이 미- 낭 쓰- 싼 야- 차 밥 파-싸- 앙 끄릿 르- 크랍

มีครับ นี่ฉบับภาษาอังกฤษ
미- 크랍 니- 차밥 파-싸- 앙끄릿

มีความคิดเห็นอื่นไหมครับ
미- 콰-ㅁ 킷 헨 으-ㄴ 마이 크랍

ไม่มีครับ
마이 미- 크랍

งั้นขอลายเซ็นตรงนี้หน่อยครับ
응안 커- 라-이 쎄-ㄴ 뜨롱 니- 너-이 크랍

หวังว่าต่อไปเราจะได้ร่วมมือกันเป็นอย่างดีอีกนะครับ
왕와- 떠- 빠이 라오짜 다이루-엄므-깐 뻰 야-ㅇ 디- 이-ㄱ나 크랍

비즈니스 & 골프 — 접대에 응했을 때

오늘 저를 위해 이렇게 따뜻하게 연회를 베풀어 주셔서 진심으로 감사드립니다.

천만에요. 당신은 처음으로 태국에 오신거지요?

아니오. 두번째입니다.

작년에 온 적이 있습니다.

그래요?

당신을 위해 건배를 제안하겠습니다.

좋습니다. 우리들의 우정을 위하여 건배!

ขอขอบคุณเป็นอย่างยิ่งที่วันนี้ได้จัดงาน
커- 커-ㅂ 쿤 뻰 야-ㅇ ying 티- 완니- 다이짯 응아-ㄴ

เลี้ยงอย่างอบอุ่นเพื่อผมอย่างนี้นะครับ
리-양 야-ㅇ 옵운 프^어 폼 야-ㅇ 니-나 크랍

ไม่เป็นไรครับ คุณมาประเทศไทยเป็นครั้งแรกใช่ไหม
마이 뻰 라이 크랍 쿤 마- 쁘라테-ㅅ 타이 뻰 크랑 래-ㄱ 차이마이

ไม่ใช่ครับ ครั้งที่สอง
마이 차이 크랍 크랑티- 써-ㅇ

เคยมาปีที่แล้ว
커-이 마- 삐-티- 래-우

งั้นหรือครับ
응안 르- 크랍

ขอชนแก้วเพื่อคุณนะครับ
커- 촌 깨^우 프^어 쿤 나 크랍

ดีครับ ขอชนแก้วเพื่อมิตรภาพของเรา
디- 크랍 커- 촌 깨^우 프^어 밋뜨라 파^-ㅂ 커-ㅇ 라오

비즈니스 & 골프 — 전화통화

A: 여보세요? 안녕하세요? 싸팃씨

B: 네, 안녕하세요? 찻차이씨

A: 오늘 오후에 시간되시면 골프 치러 갈까요?

B: 좋습니다.

그런데 제가 친구 한명을 데리고 가도 될까요?

A: 물론입니다. 셋이서 치면 더 재미있지요.

그럼, 제가 방빠꽁 리버사이드 골프장으로 오후 1시에 예약해 놓겠습니다.

B: 좋습니다. 이따가 거기서 뵙지요.

ฮัลโหล สวัสดีครับ คุณสาธิต

สวัสดีครับ คุณชาติชาย

บ่ายนี้ถ้าว่างไปเล่นกอล์ฟกันไหมครับ

ดีครับ

แล้วผมจะพาเพื่อนไปด้วยคนหนึ่งได้ไหมครับ

ได้สิครับ เล่นกันสามคนสนุกดีครับ

งั้นผมจองสนามที่บางปะกงริเวอร์ไซด์ตั้งแต่บ่ายโมงนะครับ

ดีครับ เดี๋ยวพบกันที่นั่นนะครับ

비즈니스 & 골프 — 골프장 프런트에서

안녕하세요? 예약 하셨습니까? (프런트 직원)

네, 오후 1시에 찻차이씨 이름으로 3명 예약해 놓았습니다. (손님)

잠시 기다리세요. 예약되어 있습니다.

카트를 사용하시겠습니까? (프런트 직원)

아니오, 고맙습니다. (손님)

캐디피 포함해서 총 2,700 바트입니다. (프런트)

여기 있습니다. (손님)

감사합니다. 들어가세요. (프런트 직원)

สวัสดีค่ะ จองสนามหรือยังคะ
싸왓 디-카 쩌-ㅇ 싸 나-ㅁ 르-양 카

จองแล้วครับ ในนามคุณชาติชาย ตอนบ่ายโมง สามคนนะครับ
쩌-ㅇ래-우크랍 나이나-ㅁ쿤차-ㅅ차-이떠-ㄴ바-이므-ㅇ 싸-ㅁ콘나 크랍

กรุณารอสักครู่นะคะ เรียบร้อยแล้วค่ะ
까 루 나- 러- 싹 크루- 나 카 리-압 러-이 래-우 카

ต้องการคาร์ท (cart) ไหมคะ
떠-ㅇ 까-ㄴ 카-ㅅ 마이 카

ไม่ครับ ขอบคุณครับ
마이 크랍 커-ㅂ 쿤 크랍

ทั้งหมด 2,700 บาท ค่ะ รวมค่าแคดดี้ด้วยแล้วค่ะ
탕 못써-ㅇ판 쩻더-이바-ㅅ 카 루-엄 카- 캐-ㅅ 디-두-어이래-우 카

นี่ครับ
니- 크랍

ขอบคุณค่ะ เชิญได้เลยค่ะ
커-ㅂ 쿤 카 처ㅓ-ㄴ다이러ㅓ-이카

비즈니스 & 골프 — 티업하러 가면서 (1)

찻차이씨! 이쪽은 제 친구 위랏씨 입니다. (텅싸왕)

안녕하세요? 만나 뵙게 되어 반갑습니다. (찻차이)

안녕하세요? 저도 마찬가지입니다. (위랏)

오늘은 평일인데도 사람들이 아주 많네요. (찻차이)

네, 오늘 날씨가 아주 좋아서 많은 사람들이

치러 왔군요. (위랏)

보통 얼마나 치십니까? (찻차이)

보기플레이 정도 합니다. (위랏)

คุณชาติชายครับ นี่คุณวิรัชเพื่อนผมครับ
쿤 찻ㅅ차-이 크랍 니-쿤 위 랏 프-언 폼 크랍

สวัสดีครับ ยินดีที่ได้รู้จักครับ
싸왓 디- 크랍 yin 디-티-다이 루-짝 크랍

สวัสดีครับ ผมก็เช่นเดียวกันครับ
싸왓 디- 크랍 폼 까- 체̂-ㄴ 디-야우 깐 크랍

วันนี้วันธรรมดา แต่คนเยอะนะครับ
완 니- 완 탐 마 다- 때- 콘 여 나 크랍

ครับ คิดว่าวันนี้อากาศดีมากครับ
크랍 킷 와̂- 완 니- 아- 까-ㅅ 디- 마̂-ㄱ 크랍

ก็เลยมาเล่นกันเยอะ
까- 러-이 마- 레̂-ㄴ 깐 여

ปกติแต้มเท่าไหร่ครับ
빠까띠 때̂-ㅁ 타오 라이 크랍

ก็โบกี้ (bogey) ครับ
까-보-끼- 크랍

비즈니스 & 골프 — 티업하러 가면서 (2)

그럼 다들 비슷비슷 하네요. (찻차이)

그냥 치면 재미없으니, 오늘 경기를 해서 지는 사람이 저녁 대접하는 것이 어떻습니까? (텅싸왕)

네, 좋습니다. (찻차이, 위랏)

1번홀에 사람이 많으니, 우리는 10번홀에서 시작하는 것이 어떻습니까? (텅싸왕)

좋습니다. (찻차이, 위랏)

งั้นก็คงพอ ๆ กันครับ
응안 까- 콩 포- 포- 깐 크랍

ผมว่าเล่นเฉย ๆ ไม่สนุกครับ
폼 와- 레^-ㄴ 처^-이처^-이 마이 싸눅 크랍

วันนี้ใครแพ้ต้องเลี้ยงข้าวเย็นดีไหมครับ
완 니- 크라이 패- 떠^-ㅇ 리-양 카-우 옌 디- 마이 크랍

ดีเลยครับ
디-러^-이 크랍

หลุม 1 คนเยอะจังครับ
룸 능 콘 여 짱 크랍

เราไปเริ่มหลุม 10 ดีไหมครับ
라오 빠이 러^-ㅁ 룸 씹 디- 마이 크랍

ตกลงครับ
똑 롱 크랍

비즈니스 & 골프 — 티업 10번 홀에서(1)

누가 먼저 치실까요? 티를 던지기로 하지요. (찻차이)

그렇게 하세요. (텅싸왕)

(티가 위랏씨 쪽으로 떨어졌다)이런, 제가 먼저 쳐야겠네요.(위랏)

왼쪽 숲은 OB 지역입니다. (캐디)

어이구, 첫홀부터 어렵네요. (티샷을 한다.) (위랏)

나이스 샷 (찻차이, 텅싸왕)

이런, 저는 페어웨이 벙커에 빠졌네요. (찻차이)

저는 헤져드에 빠졌습니다. (텅싸왕)

ใครเล่นก่อนล่ะครับ โยนที (tee) แล้วกัน
크라이 레-ㄴ 까-ㄴ 라 크랍 요-ㄴ티- 래-우 깐

เอาเลยครับ
아오 러-이 크랍

เอ้า ผมเริ่มก่อนนะครับ
아오 폼 러-ㅁ 까-ㄴ 나 크랍

ป่าข้างซ้ายเป็นโอ.บี. (OB) นะคะ
빠- 카-ㅇ 싸-이 뻰 오- 비-   나 카

โอย ยากตั้งแต่หลุมแรกเลย
오-이 야-ㄱ 땅 때- 룸 래-ㄱ 러-이

สวยครับ
쑤-어이 크랍

โอ๊ย ของผมตกบังเกอร์ (bunker) แฟร์เวย์ (fairway)
오-이 커-ㅇ 폼 똑 방 꺼-   홰- 왜-

ของผมก็ตกฮาซาร์ด (hazard)
커-ㅇ 폼 까- 뜩 하- 싸-ㅅ

비지니스 & 골프 — 티업 10번 홀에서(2)

그러면 모두 멀리건 하나씩 드리지요. (위랏)

정말 감사합니다. (찻차이, 텅싸왕)

저는 요즘 드라이버 샷이 잘 안 맞네요. (찻차이)

멀리 가봐야 180~200 야드 정도니까요. (드라이버 샷을 한다)

나이스 샷, 똑바로 가잖아요. (텅싸왕)

공이 멀리 가도 방향이 틀리면 아무 소용없지요.

(드라이버 샷을 한다) 보세요.

저는 멀리 갔는데도 페어웨이 벙커에 빠졌잖아요.

งั้นให้มัลลิแกน (mulligan) อีกคนละครั้งก็แล้วกันครับ
응안 해이만 리 째-ㄴ   이-ㄱ 콘 라 크랑 까- 래-우 깐 크랍

ขอบคุณจริง ๆ เลยครับ
커-ㅂ 쿤 찡 찡 러-이 크랍

ผมนี่ เดี๋ยวนี้ตีไดรเวอร์ช็อต (driver shot) ไม่ค่อยดี
폼 니- 디-아우니-띠-드라이 워- 처-ㅅ   마이커-이디-

ได้ไกลอย่างมากก็ 180 ถึง 200 หลา
다이 끄라이 야-ㅇ 마-ㄱ 까-러-이뻐-ㅅ씹틍써-ㅇ러-이라-

สวยแล้วครับ ตรงครับ
쑤-어이 래-우 크랍   뜨롱 크랍

ถ้าตีไกลแต่ไม่ตรงก็ไม่ดีครับ
타- 띠- 끄라이 때- 마이뜨롱까- 마이디- 크랍

ดูสิครับ
두- 씨 크랍

ลูกผมไปไกลแต่ตกบังเกอร์แฟร์เวย์
루-ㄱ 폼 빠이 끄라이 때- 똑 방 꺼- 홰- 외-

비즈니스 & 골프 — 세컨샷 지점에서(1)

캐디! 홀까지 몇 야드 남았지요? (찻차이)

200야드 남았습니다. (캐디)

페어웨이 우드 5번 주세요. (찻차이)

(샷을 한 후) 아이쿠, 그린 옆 러프로 떨어졌네요.

캐디! 얼마 남았지요? (텅싸왕)

160야드 남았습니다. (캐디)

페어웨이 벙커에 빠졌으니까,

그냥 편안하게 빼야겠네요. (텅싸왕)

แคดดี้ ถึงโฮล (hole) อีกกี่หลาครับ
캐-ㅅ디- 틍 호-ㄹ 이-ㄱ 끼- 라- -ㅋ랍

อีก 200 หลาค่ะ
이-ㄱ 쌔-ㅇ러-ㅇ 라- 카

ขอไม้ 5 นะครับ
커- 마이 하- 나 -ㅋ랍

อ้าว ตกรอฟ (rough) ข้างกรีน
아-우 똑 러-ㅍ 카-ㅇ끄리-ㄴ

แคดดี้ เหลือเท่าไหร่ครับ
캐-ㅅ디- 르-어 타오 라이 -ㅋ랍

160 หลาค่ะ
러-이 혹씹라- 카

ของผมตกบังเกอร์แฟร์เวย์
커-ㅇ 폼 똑 방 꺼- 홰- 의-

ผมขอแค่สบาย ๆ ก็พอแล้ว
폼 커- 캐- 싸바-이 싸바-이 꺼-퍼-래-우

비즈니스 & 골프 — 세컨샷 지점에서(2)

7번 아이언 주세요. (텡싸왕)

(샷을 한 후) 아이쿠, 또다시 그린 옆 벙커에 빠졌네요.

오늘은 아주 벙커를 찾아 다니네요.

한 150야드 남았나요? (워랏)

145야드 남았습니다. (캐디)

8번 아이언 주세요. (샷을 한 후 공이 온그린 되었다) (워랏)

야! 정말 잘치시네요. (찻차이)

이제 첫 홀인데요. 나중 9홀은 어려울 것 같네요. (워랏)

ขอเลข 7 ครับ
커- 레-ㄱ 쩻 크랍

เอ้า ตกบังเกอร์อีกแล้ว
아오 똑 방 꺼- 이-ㄱ 래-우

วันนี้ผมเจอแต่บังเกอร์
완 니- 폼 쯔- 때- 방 꺼-

อีกประมาณ 150 หลา ใช่ไหมครับ
이-ㄱ쁘라 마-ㄴ러-이 하- 씹 라- 차이 마이 크랍

อีก 145 หลาค่ะ
이-ㄱ러-이씨-씹하-라-카

ขอเลข 8 ครับ
커- 레-ㄱ 빼-ㅅ 크랍

โอ้โฮ ตีสวยมากครับ
오- 호- 띠-쑤-어이 마-ㄱ 크랍

แค่โฮลแรกครับ อีก 9 โฮลสงสัยจะแย่ครับ
캐- 호-ㄴ 래-ㄱ 크랍 이-ㄱ 까오 호-ㄴ 쏭 싸이 짜 예 크랍

비즈니스 & 골프 — 그린에서(1)

(러프에서 캐디에게) 피칭 주세요. (찻차이)

자주 안 나와서 칩샷이 잘 될지 모르겠네요.

(찻차이 씨가 칩샷을 한 후 볼이 홀컵 가까이 붙자) 나이스 칩! (텅싸왕)

자주 안나오신다고 하더니, 어떻게 이렇게 잘 붙이세요?

어, 오늘은 칩샷이 좀 되네요. (찻차이)

(벙커에서 캐디에게) 캐디, 샌드웨지 주세요. (친볼이 벙커에서 못나온다)

아이쿠, 이런 벙커에서 한번에 벙커 탈출을 못하네요. (텅싸왕)

(다시 친 볼이 온그린된다) 나이스 아웃. (찻차이, 위랏)

ขอพิทชิ่ง (pitching)
커- 핏 칭

ผมไม่ได้ตีนานแล้ว ไม่รู้จะตีชิพช็อต(chip shot) ได้ดีหรือเปล่า
폼마이다이디-나-ㄴ래-우 마이루-짜띠-칩처-ㅅ 다이디-르빠라오

ไนซ์ชิพครับ นี้
나이 칩 크랍 니-

ไหนว่าห่างสนามไงครับ ทำยังไงถึงชิพสวยอย่างนี้
나이와-하-ㅇ싸나-ㅁ 응아이 크랍 탐 양 응아이 틍 칩 쑤-어이야-ㅇ니-

เอ๊ วันนี้ชิพช็อตดีแฮะ
에- 완 니- 칩 처-ㅅ 디- 해

แคดดี้ ขอแซนด์เวจ (sand wedge) ครับ
캐-ㅅ 디- 커- 쌔-ㄴ 왜-ㅅ 크랍

โอ๊ย ไม่รอดจากบังเกอร์เสียที
오-이 마이 러-ㅅ 짜-ㄱ 방 꺼- 씨-야 티-

ไนซ์เอาท์ (nice out)
나이 아오

비즈니스 & 골프 — 그린에서 (2)

(캐디에게) 왼쪽 라인이지요? (찻차이)

(찻차이 씨의 공이 홀에 들어간다) 나이스 파입니다. (텅싸왕, 위랏)

어휴, 힘들게 파를 했네요. (찻차이)

(캐디에게) 왼쪽 라인입니까? 아니면 오른쪽 라인입니까? (위랏)

오른쪽을 보시면 되겠네요. (캐디)

(위랏 씨가 친공이 홀을 약간 벗어난다) 아휴, 아깝습니다. (텅싸왕)

이게 들어가도 보기네요.

(텅사왕 씨가 공을 홀컵에 넣는다) 나이스 퍼팅! (찻차이, 위랏)

ไลน์ซ้ายใช่ไหมครับ
라이 싸-이 차이 마이 크랍

ไนซ์พาร์ (nice par)
나이 파-

โอ้โฮ กว่าจะได้เต็มพาร์ (par) ก็ยาก
오- 호- 꽈- 짜 다이 뗌 파-   까-야-ㄱ

ไลน์ข้างซ้ายหรือขวาครับ
라이 카-ㅇ 싸-이 르- 콰- 크랍

ดูไลน์ขวาก็ได้ค่ะ
두- 라이 콰- 까- 다이 카

แหม เสียวจัง
매-   씨-여우 짱

กว่าลูกจะลงก็โบกี้
꽈- 루-ㄱ 짜 롱 꺼- 보- 끼-

ไนซ์พัตติ้ง (putting)
나이 팟 띵

비즈니스 & 골프 — 골프를 마치면서(1)

저는 오늘 공이 자꾸 슬라이스가 나네요. (텅싸왕)

퍼팅도 좋지 않았어요.

여기 그린이 아주 빠르네요.

네. (찻차이)

여기서는 퍼팅이 아주 중요해요.

전반 9홀은 좀 되다가,

후반에는 훅이 자꾸 나서 고생했습니다.

그런데 위랏 씨는 오늘 아주 잘 치셨습니다.

วันนี้ลูกผมสไลซ์ (slice) บ่อย
완 니- 루-ㄱ 폼 쓰라이 버-이

พัตติ้ง (putting) ก็ไม่ดี
팟 띵 까-마이디-

กรีนนี้เร็วมาก
끄리-ㄴ니- 레우마-ㄱ

ใช่ครับ
차이 크랍

กรีนนี้พัตติ้งสำคัญมาก
끄리-ㄴ니- 팟 띵 쌈 칸 마-ㄱ

9 หลุมแรกก็ดีนะครับ
까오 룸 래-ㄱ 까- 디- 나 크랍

แต่หลุมหลังนี้ มีฮุค (hook) บ่อยก็เลยลำบาก
때- 룸 랑 니- 미- 훅 버-이 까- 러-이 람 바-ㄱ

แต่วันนี้คุณวิรัชตีได้สวยมากครับ
때- 완 니- 쿤 위 랏 띠- 다이 쑤-어이마-ㄱ 크랍

비즈니스 & 골프 — 골프를 마치면서(2)

고맙습니다. (위랏)

캐디팁은 얼마씩 주면 되지요?

200바트 정도 주시면 됩니다. (찻차이)

오늘은 제가 졌으니 저녁을 대접해 드리지요.

오늘 매우 즐거웠습니다. (텅싸왕)

네, 우리도 역시 매우 재미있었습니다. (찻차이, 위랏)

ขอบคุณครับ
커ㅂ 쿤 크랍

ค่าทิปแคดดี้เท่าไหร่ดีครับ
카- 팁 캐^ㅅ 디- 타오 라이 디- 크랍

200 บาทก็พอแล้วครับ
써^ㅇ러-이바-ㅅ 꺼-퍼- 래-우 크랍

วันนี้ผมแพ้ต้องเลี้ยงอาหารเย็นหน่อยครับ
완 니- 폼 패- 떠^ㅇ 리-양 아- 하-ㄴ 옌 너-이 크랍

สนุกมากนะครับวันนี้
싸눅 마-ㄱ 나 크랍 완 니-

ครับ เราก็สนุกมากเหมือนกันครับ
크랍 라오 꺼- 싸눅 마-ㄱ 므-언 깐 크랍

Chapter 10

공공시설

Tip 태국의 서비스 시설

시내 전화 걸기
잘못 걸었을 때
부재중일 때
호텔 룸에서 한국으로
국제 전화 걸기
수신자부담 전화 걸기

팩스 보내기
환전하기
현금서비스 받기
한국으로 편지 보내기
한국으로 소포 부치기
기타 유용한 표현

Tip. 태국의 서비스 시설

태국의 서비스 시설

태국에서 전화나 팩스, 인터넷, 은행, 우체국 등 공공시설을 이용하는데 큰 불편은 없다. 다만 태국어 이외에 영어가 잘 통하지 않는 상황을 감안한다면 정말 곤란할 때가 한두번이 아닐 것이다. 특히 지방의 경우에는 더욱 더 그렇다.

이러한 공공시설을 쉽게 이용할 수 있는 요령이라면, 각 도시에 있는 대형호텔 내의 전화나 우편 등의 부대시설 서비스를 받는 것이다. 물론 약간의 수수료를 지불하게 되겠지만, 그래도 이를 이용하는 것이 시간과 노력을 아주 많이 절약해 준다.

태국에는 물론 우리나라보다는 아직까지 통신시설이 덜 발달되어 있지만 전화를 사용하기에는 큰 무리가 없다. 일반 가정에도 거의 모두 전화가 보급되어 있고, 공중전화 역시 쉽게 찾아볼 수 있다. 따라서 여행도중 한국으로 국제전화를 걸고자 할 때는 호텔이나 우체국 등지와 일반 공중전화에서 국제전화가 가능한 전화기를 이용하면 된다. 요령은 체류하고 있는 호텔의 국제전화 서비스를 신청하거나, 로비 등지에서 국제직통이 가능한 카드공중전화가 설치되어 있어 아주 편리하다.

한국의 국가번호는 82이며, 서울일 경우는 2, 그리고 상대방 전화번호를 기입한다. (예:001-82-2-337-1737) (상대방이 핸드폰일 경우 지역번호 1을 누른다.) 콜렉트콜은 「쩹응언 쁠라이탕」 혹은 영어로 'Collect Call' 이라 하며, 태국인 교환원을 통하여 국제전화를 할 경우에는 100번을 누르면 된다.

지방으로 전화를 할 경우 각 지방의 지역번호를 누른 후 상대방 번호를 누르면 되고, 시내전화를 할 경우에는 주화 1바트(한화로 약 30원)를 넣으면 된다. 그리고 공중전화에서 휴대전화로 할 때는 동전이 빨리 없어지므로, 5바트 정도를 넣어야 안심하고 사용할 수 있다. 그

런데 태국주화는 오래 전에 발행된 것과 최근에 발행된 주화를 함께 사용하고 있으므로 같은 액수의 주화라도 전화기에 따라 맞지 않는 경우가 있으니 주의하기 바란다. 또 하나 태국전화의 호출음은 우리의 '통화중' 신호음과 비슷하므로 전화를 끊어버리기가 쉬운데 이 소리가 바로 상대편을 부르는 신호음이므로 끊지 말고 기다리면 된다.

환전할 때

일반적으로 태국내에서의 환전은 은행, 호텔, 공항 그리고 시내에 있는 환전소 등에서 할 수 있다. 여행자가 많이 모이는 곳은 비록 은행시간이 마감이 되었더라도 밤시간이나 공휴일에도 환전소를 이용하면 쉽게 외화를 교환할 수 있다.

환전하는 금액은 1회에 한꺼번에 너무 많은 현금으로 교환하지 말고 필요할 때 수시로 하는 것이 현명하다.

신용카드 이용할 때

태국에서도 전세계적으로 통용되는 신용카드로 호텔료는 물론 백화점이나 쇼핑센터 등에서도 쉽게 물건을 살 수 있어 아주 편리하다. 또한 돈을 필요로 할 때에는 수수료가 높지만 은행이나 현금인출기에서 현금서비스를 쉽게 받을 수 있다.

공공시설 — 시내전화할 때

여보세요? 쏨차이씨 계십니까?

전데요.

김대중입니다. 어제 태국에 도착했습니다.

뵙고 싶은데, 언제 만날 수 있을까요?

좋습니다. 제가 4시에 당신을 찾아가지요.

이쪽을 찾으실 수 있겠어요?

제가 찾을 수 있어요. 조금 후에 뵙죠.

좋습니다. 조금 후에 만납시다.

ฮัลโหล คุณสมชายอยู่ไหมครับ
한 로- 쿤 쏨차-이 유- 마이 크랍

กำลังพูดครับ
깜랑 푸-ㅅ 크랍

ผมคิมแดจุง พูดครับ ถึงเมืองไทยเมื่อวานครับ
폼 킴 대-쭝 푸-ㅅ 크랍 트ᆜ으엉 타이 므-어 와-ㄴ 크랍

อยากจะพบกับคุณ จะพบกัน ได้เมื่อไรครับ
야-ㄱ 짜 폽 깝 쿤 짜 폽 깐 다이므-어 라이크랍

ก็ดีครับ ผมจะไปหาคุณตอน 4 โมงเย็น
꺼- 디- 크랍 폼 짜 빠이 하- 쿤 떠-ㄴ 씨- 모-ㅇ 옌

คุณมาถูกหรือเปล่า
쿤 마- 투-ㄱ 르- 쁘라오

ผมไปถูกแล้ว เดี๋ยวพบกันนะครับ
폼 빠이 투-ㄱ래-우 디-야우 폽 깐 나 크랍

โอ เค ครับ เดี๋ยวพบกัน
오- 케- 크랍 디-야우 폽 깐

공공시설 — 잘못 걸었을 때

여보세요.

쏨차이씨와 통화하고 싶습니다.

여기는 쏨차이씨란 분은 없습니다.

몇 번에 거셨습니까?

254-4821 아닙니까?

아닙니다.

이곳은 254-4823번입니다.

죄송합니다.

ฮัลโหล
한 로-

ขอพูดกับคุณสมชายหน่อยครับ
커- 푸-ㅅ 깝 쿤 쏨 차-이 너-이 크랍

ที่นี่ ไม่มีคนชื่อสมชายค่ะ
티-니- 마이 미- 콘 츠- 쏨 차-이 카

คุณโทรเบอร์อะไรคะ
쿤 토- 버- 아 라이 카

254-4821 ไม่ใช่หรือครับ
토-하-씨-씨-빼-ㅅ토-능 마이차이르- 크랍

ไม่ใช่ค่ะ
마이차이 카

ที่นี่เบอร์ 254-4823ค่ะ
티- 니- 버- 트-하-씨-씨-빼-ㅅ토-싸-ㅁ카

ขอโทษครับ
커- 토-ㅅ 크랍

공공시설 — 부재중일 때

여보세요. 태국무역회사입니까?

네, 누굴 찾으시죠?

국제무역부의 쏨차이 선생님 계십니까?

죄송합니다만, 막 나가셨는데요.

전하실 말씀 있으십니까?

그에게 전해 주세요. 저는 김대중이란 사람인데, 지금 방콕에 묵는다고요. 돌아오시면 전화 좀 달라고 해 주세요.

ฮัลโหล บริษัทการค้าไทยใช่ไหมครับ
한 로- 버리싿 까-ㄴ 카- 타이 차이 마이 크랍

ใช่ค่ะ จะพูดกับใครคะ
차이 카 짜 푸-ㅅ 깝 크라이카

คุณสมชายแผนกการค้าระหว่างประเทศอยู่ไหมครับ
쿤 쏨차-이 파 내-ㄱ 까-ㄴ 카- 라와-ㅇ 쁘라테-ㅅ 유- 마이 크랍

ขอโทษ เพิ่งออกไปข้างนอก
커- 토-ㅅ 퍼̂ㅇ 어-ㄱ 빠이 카-ㅇ너-ㄱ

จะฝากข้อความไหมคะ
짜 화-ㄱ 커- 쾀- 마이 카

งั้นช่วยบอกเขาว่าผมชื่อ คิม แด จุง ตอนนี้
응안 추-어이 버-ㄱ 카오 와- 폼 츠- 킴 대- 쭝 떠-ㄴ니-

พักอยู่ที่โรงแรมกรุงเทพนะครับ ถ้าเขากลับมา
팍 유- 티- 로-ㅇ래-ㅁ 끄룽테-ㅂ 나 크랍 타- 카오 끄랍 마-

แล้วขอให้โทรกลับผมหน่อย ครับ
래-우 커- 하이 토- 끄랍 폼 너-이 크랍

공공시설 — 호텔룸에서 한국으로 국제 전화할 때

안녕하세요. 어디로 전화하시겠습니까?

한국으로 국제전화하려고 합니다.

어느 도시입니까?

대전이요.

번호는요?

742-2358입니다.

사람을 지정하겠어요.

손님의 객실번호와 존함을 말씀하세요.

สวัสดีค่ะ โทรไปไหนคะ
싸왓디- 카 토- 빠이 나이 카

จะโทรไปประเทศเกาหลีครับ
짜 토- 빠이 쁘라테-ㅅ 까올리- 크랍

เมืองอะไรคะ
므-엉 아 라이카

เมืองแดจอนครับ
므-엉 대-쩌-ㄴ 크랍

หมายเลขอะไรคะ
마-이 레-ㄱ 아 라이카

742-2358
쩻씨-토-토-싸-ㅁ하-빼-ㅅ

จะเจาะจงตัวครับ
짜 쩌 쫑 뚜-어 크랍

ช่วยบอกหมายเลขห้องกับชื่อของคุณด้วยค่ะ
추-어이 버-ㄱ 마-이 레-ㄱ 허-ㅇ 깝 츠- 커-ㅇ 쿤 두-어이 카

공공시설 — 수신자부담 전화할 때

안녕하세요. 어디로 전화하시겠습니까?

수신자 부담으로 국제전화하려고 합니다.

어디에 거실 겁니까?

한국 서울입니다.

번호가 몇 번입니까?

번호는 82-2-772-6789입니다.

누구에게 거십니까?

집으로 거는 겁니다.

สวัสดีค่ะ โทรไปไหนคะ
싸왓디- 카   토- 빠이 나이 카

จะโทรไปต่างประเทศเป็นคอลเล็กต์คอล
짜 토- 빠이 따-ㅇ 쁘라테-ㅅ 뻰 커-ㄴ 렉 커-ㄴ

โทรไปไหนคะ
토- 빠이 나이 카

กรุงโซลประเทศเกาหลีครับ
끄룽 쏘-ㄴ 쁘라테-ㅅ 까오리- 크랍

หมายเลขอะไรคะ
마-이 레-ㄱ 아- 라이 카

หมายเลข 82-2-772-6789
마-이 레-ㄱ 빼-ㅅ토-토-쩻쩻토-혹쩻빼-ㅅ까오

โทรไปใครคะ
토- 빠이크라이 카

โทรไปบ้านครับ
토- 빠이 바-ㄴ 크랍

공공시설 — 팩스 보낼 때

안녕하세요?

무슨 일이시죠?

서울로 팩스 한 장 보내려고요.

내용과 팩스번호를 기입해 주세요.

다 썼습니다. 한장 보내는 데 얼마입니까?

한장에 60바트입니다.

잠시 기다려 주세요.

보냈습니다. 여기 영수증입니다.

สวัสดีค่ะ
싸왓디- 카

มีอะไรหรือคะ
미- 아 라이 르- 카

จะส่งแฟกส์ไปกรุงโซลหนึ่งใบครับ
짜 쏭 홰-ㄱ 빠이 끄룽 쏘-ㄴ 능 바이 크랍

กรุณากรอกข้อความและหมายเลขแฟกส์
까루나- 끄러-ㄱ 커- 콰-ㅁ 래 마-이 레-ㄱ 홰-ㄱ

เขียนเรียบร้อยแล้ว ส่งหนึ่งใบคิดเท่าไรครับ
키-안 리-압 러-이 래-우 쏭 능 바이 킷 타오 라이크랍

ใบละ 60 บาทค่ะ
바이 라 혹씹 바-ㅅ 카

กรุณารอสักครู่ค่ะ
까루나- 러- 싹 크루- 카

ส่งเรียบร้อยแล้วค่ะ นี่ใบเสร็จรับเงินค่ะ
쏭 리-압 러-이 래-우 카 니- 바이 쎗 랍 응어-ㄴ 카

공공시설 — 환전할 때

여기에서 외화 바꿉니까?

현금입니까, 여행자수표입니까?

현금 200달러와 100달러짜리 여행자수표예요.

여권을 주십시오.

여기 있습니다.

이 신청서를 작성해 주세요.

이렇게 쓰면 됩니까?

맞습니다. 여기 있습니다. 돈 세어보세요.

แลกเงินต่างประเทศที่นี่ได้ไหม
래^-ㄱ 응어-ㄴ 따-ㅇ 쁘라테^-ㅅ 티-니^- 다^-이마^이

เป็นเงินสดหรือเช็คเดินทางค่ะ
뻰 응어-ㄴ 쏫^ 르- 첵 더-ㄴ 타-ㅇ 카^

เงินสด200ดอลลาร์และเช็คเดินทาง100 ดอลลาร์
응어-ㄴ쏫^ 써^-ㅇ-러-이더-ㄴ라- 래 첵 더-ㄴ 타-ㅇ 러-이 더-ㄴ 라-

ขอหนังสือเดินทางหน่อยค่ะ
커^- 낭^ 쓰^- 더-ㄴ 타-ㅇ 너^이 카^

นี่ครับ
니^- 크랍

กรุณากรอกในแบบฟอร์มนี้
까루나- 끄러^-ㄱ 나이 배^-ㅂ 훠^-ㅁ 니^-

เขียนอย่างนี้ถูกไหมครับ
키^얀 야^-ㅇ 니^- 투^-ㄱ 마^이 크랍

ถูกค่ะ นี่ค่ะ เงิน นับดูก่อนนะคะ
투^-ㄱ 카^ 니^- 카^ 응어-ㄴ 납 두- 꺼^-ㄴ 나 카

공공시설 — 현금서비스 받을 때

여기 현금자동인출기가 있나요?

없습니다.

이 은행에서는 신용카드로 현금서비스 받을 수 있나요?

2층의 신용카드과로 가세요.

여기서 현금을 서비스 받을 수 있습니까?

예. 무슨 카드입니까?

비자카드입니다.

이 표를 작성하세요.

ที่นี่มีเครื่อง เอ ที เอ็ม ไหมครับ
티-니-미- 크르엉 에- 티- 엠   마이 크랍

ไม่มีค่ะ
마이미- 카

ในธนาคารนี้เอาบัตรเครดิตเบิกเงินได้ไหมครับ
나이 타 나-카-ㄴ니- 아오 밧 크레- 딧 벅-ㄱ 응어-ㄴ 다이마이크랍

เชิญขึ้นไปที่แผนกบัตรเครดิตชั้นสองค่ะ
척-ㄴ 큰 빠이 티- 파내-ㄱ   밧 크레- 딧 찬 써-ㅇ 카

ที่นี่รับบริการเบิกเงินหรือครับ
티-니- 랍 버리까-ㄴ 벅-ㄱ 응어-ㄴ르- 크랍

ค่ะ บัตรอะไรคะ
카   밧   아 라이 카

บัตรวีซ่าครับ
밧 위- 싸- 크랍

กรุณากรอกในแบบฟอร์มนี้
까루나- 끄러-ㄱ   나이 배-ㅂ 훠-ㅁ 니-

공공시설 — 한국으로 편지 보낼 때

국제우편으로 보내려고 합니다.

어디로 부치십니까?

한국의 서울입니다.

보통우편이요, 아니면 등기로 하실 건가요?

보통우편이요.

12바트 50싸땅짜리 우표를 붙이세요.

얼마나 걸립니까?

5일 정도요.

อยากจะส่งจดหมายไปต่างประเทศ
야-ㄱ 짜 쏭 쫏 마-이 빠이 따-ㅇ 쁘라테-ㅅ

ส่งไปที่ไหนคะ
쏭 빠이 티- 나이 카

กรุงโซล ประเทศเกาหลีนะครับ
끄룽쏘-ㄴ 쁘라테-ㅅ 까오리- 나 크랍

ส่งธรรมดาหรือลงทะเบียนคะ
쏭 탐마다- 르- 롱타비-얀 카

ธรรมดาครับ
탐마다- 크랍

ขอติดแสตมป์12บาท 50สตางค์
커- 띳 싸 때-ㅁ 씹써-ㅇ 바-ㅅ 하- 씹 싸 따-ㅇ

ใช้เวลานานเท่าไรครับ
차이 왜-라 나-ㄴ 타오 라이 크랍

ประมาณ 5 วันค่ะ
쁘라마-ㄴ 하- 완 카

공공시설 — 한국으로 소포 부칠 때

한국으로 책을 좀 보내려고 하는데요.

먼저 좀 열어 보실래요?

왜죠?

안의 내용물을 검사해야 됩니다.

책들뿐입니다.

소포료가 전부 750바트입니다.

여기 있습니다. 언제 도착합니까?

5일 정도 걸립니다.

อยากจะส่งหนังสือไปประเทศเกาหลีครับ
야-ㄱ 짜 쏭 낭 쓰- 빠이 쁘라 테-ㅅ 까오리- 크랍

ขอเปิดดูหน่อยค่ะ
커- 버-ㅅ 두- 너-이 카

ทำไมครับ
탐 마이 크랍

ต้องตรวจของข้างในก่อนค่ะ
떠-ㅇ 뜨루-엇 커-ㅇ 카-ㅇ 나이 꺼-ㄴ 카

มีแต่หนังสือเท่านั้นครับ
미- 때- 낭 쓰- 타오 난 크랍

ค่าพัสดุทั้งหมด 750 บาท
카- 팟 싸 두 탕 못 쩻러-이하-씹 바-ㅅ

นี่ครับ ถึงเมื่อไรครับ
니- 크랍 틍 므-어 라이 크랍

คงจะใช้เวลาประมาณ 5 วัน
콩 짜 차이 웨- 라- 쁘라마-ㄴ 하- 완

공공시설 — 기타 유용한 표현

우체국(우체통)이 어디 있습니까?

우체국은 몇 시에 엽니까?(닫습니까?)

저는 소포용 포장지를 사려고 합니다.

우표는 어느 창구에서 팝니까?

항공우편(배편)으로 보내 주세요.

빠른우편으로 해 주세요.

한국으로 부치는 데 얼마입니까?

이 소포(편지)는 등기로 해 주세요.

ไปรษณีย์(ตู้ไปรษณีย์)อยู่ที่ไหน
쁘라이싸니- (뚜-쁘라이싸니-) 유- 티- 나이

ไปรษณีย์เปิด(ปิด)กี่โมง
쁘라이싸니- 뻑-ㅅ (삗) 까- 모-o

ผมจะซื้อกระดาษห่อสำหรับพัสดุ
폼 짜 쓰- 끄라다-ㅅ 허- 쌈랍 팟싸두

ขายแสตมป์ช่องไหนครับ
카-이 싸땜-ㄷ 처-o 나이 크랍

ขอส่งไปทางอากาศ(ทางเรือ)
커- 쏭 빠이 타-o 아- 까-ㅅ (타-o 르-어)

ขอส่งด่วนครับ
커- 쏭 두-언 크랍

ส่งไปประเทศเกาหลีคิดเท่าไร
쏭 빠이 쁘라테-ㅅ 까오리- 킷 타오라이

ขอส่งพัสดุ(จดหมาย)นี้เป็นลงทะเบียนครับ
커- 쏭 팟싸두 (쫏 마-이) 니- 뻰 롱 타 비-안 크랍

Chapter 11 긴급상황

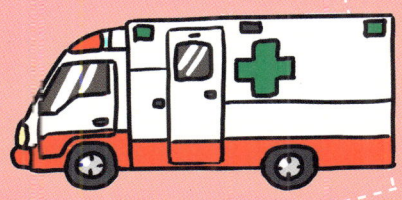

Tip 트러블 대처법

공항에서 짐을 찾지 못할 때
여권을 분실했을 때
지갑을 도난 당했을 때
병원에서(1)
병원에서(2)

진찰하는 의사가 하는 표현(1)
진찰하는 의사가 하는 표현(2)
진찰하는 의사가 하는 표현(3)
기타 유형 표현

여권을 잃어버렸을 때

만일 여권을 잃어버렸을 경우에는 곧바로 대사관이나 영사관 등의 재발급 수속을 밟는다.

재발급 신청시 필요한 것은
① **6개월 이내에 찍은 사진(5㎝×5㎝ 이내)**
② **일반여권 재발급 신청 2통(재외공관에 용지가 비치되어 있다.)**
③ **여권의 도난 · 분실 증명서(현지 관할 경찰이 발행해 준다.)**
④ **신분증명서인 면허증이나 주민등록증**

따라서 여행을 떠날 때는 만일의 경우에 대비하여 여권용 사진을 넉넉하게 준비하고, 또한 여권번호와 발행일이 적힌 곳을 복사해 따로 보관하든가 수첩 등에 적어놓든가 해야 한다. 여권이 재발급되기까지는 사진을 한국에 보내서 본인여부를 확인해야 하므로 약 2주일 정도 걸린다. 만일 귀국일까지 재발급이 불가능할 경우에는 '귀국증명서'를 신청하면, 2~3일 내에 발급받을 수 있다. 단 이 경우는 다른 나라에 들르지 않고 곧바로 한국으로 귀국하는 조건에 한해서이다.

여행자수표를 잃어버렸을 때

여행자수표는 분실증명서가 있으면 2~3일 만에 재발급이 가능하다. 재발급수속은 발행한 은행의 현지지점에 가는 것이 가장 빠르지만, 지점이 없을 경우에는 계약은행으로 가야 한다. 재발행에 필요한 서류는 ① 여권 ② 분실증명서(가까운 경찰서에서 발급받는다) ③ 여행자수표 발행증명서(이것은 여행자수표를 살 때 은행에서 함께 준 'T/C 구입자용 사본'인데, 이것도 함께 잃어버렸을 경우에는 은행에 문의해서 번호를 확인해야 한다.) ④ 사용하지 않은 여행자수표의 번

호(재발급은 두번짜 서명이 없는 것만 가능하므로 구입자 사본의 몇 번부터 몇 번까지는 사용하지 않았다고 보고할 수 있게끔 여행 중에는 T/C의 사용기톡을 해야 한다.)

배낭이나 물건을 분실했을 때

경찰서에 신고하여 분실증명서를 받아오면 한국에서 보험가입자에게 한해서만 보상이 가능하다.

교통사고 났을 때

만약의 사고를 다 비해서 최근 해외여행보험에 드는 것이 선택이 아닌 필수가 되었다. 사고를 당했을 경우 긴급구조 요청을 하고 보험 청구서를 위해 영수증도 받아 놓도록 한다.

병이 났을 때

여행시 병이 났을 경우처럼 당혹스런 일은 없다. 중요한 것은 의사소통이다. 제일 좋은 방법은 가벼운 증상일 경우에는 여행 떠나기 전에 비상약을 미리 즌비하고 떠나면 조바심 낼 필요가 없겠고, 만약 심각한 상태일 경우에는 전화교환에 문의하여 병원에 가거나 긴급구조의 도움을 요청하드록 한다.

> **긴급 상황** 공항에서 짐을 찾지 못했을 때

제 짐을 찾지 못했는데 어떻게 해야 합니까?

안내소로 가서 물어 보세요.

실례지만, 제 짐을 찾지 못했습니다.

어느 편을 타셨지요?

타이항공 628편입니다.

이 서식에 기입하세요.

짐을 찾으면 어디로 연락을 해야 합니까?

이 호텔로 연락주시면 됩니다.

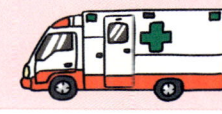

ผมยังไม่ได้รับกระเป๋า ทำยังไงดีครับ
폼 양 마이 다이 랍 끄라 빠오 탐 양응아이디- 크랍

ไปถามดูที่แผนกสอบถาม
빠이 타-ㅁ 두- 티- 파내-ㄱ 써-ㅂ 타-ㅁ

ขอโทษครับ ผมยังไม่ได้รับกระเป๋าครับ
커- 토-ㅅ 크랍 폼 양 마이 다이 랍 끄라빠오 크랍

คุณนั่งเที่ยวบินอะไรคะ
쿤 낭 티-야우 빈 아 라이카

ที จี 628 ครับ
티-찌- 혹써-ㅇ빠-ㅅ크랍

กรุณากรอกลงในแบบฟอร์มนี้นะคะ
까루나- 끄러-ㄱ 롱 나이 배-ㅂ 훠-ㅁ 니- 나 카

ถ้าได้กระเป๋าแล้วจะติดต่อได้ที่ไหนคะ
타- 다이 끄라빠오 래-우 짜 띳 떠- 다이티- 나이 카

ติดต่อผมได้ที่โรงแรมนี้ครับ
띳 떠- 폼 다이 티- 로-ㅇ래-ㅁ니- 크랍

긴급상황 — 여권을 분실했을 때

여권을 잃어버렸는데 어떻게 해야 합니까?

먼저 경찰서에 가서 신고하세요.

무슨 일이십니까?

여권을 잃어버렸어요.

이 서식을 작성하세요.

다 썼습니다.

그러면, 이 증명서를 가지고 한국영사관에 가시면 재발급을 받으실 수 있습니다. 만약 여권을 찾으면 연락하겠습니다.

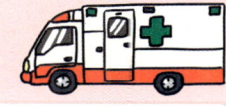

ผมทำหนังสือเดินทางหายทำอย่างไรดีครับ
폼 탐 낭쓰- 덕-ㄴ 타-ㅇ 하-이 탐 야-ㅇ 라이디-크랍

ไปแจ้งความที่สถานีตำรวจก่อนนะคะ
빠이 째-ㅇ 콰-ㅁ 티- 싸타-니- 땀루-엇 까-ㄴ 나 카

คุณต้องการอะไรครับ
쿤 떠-ㅇ 까-ㄴ 아 라이크랍

ผมทำหนังสือเดินทางหายครับ
폼 탐 낭쓰- 덕-ㄴ 타-ㅇ 하-이 크랍

กรุณากรอกในแบบฟอร์มนี้ครับ
까루나- 끄러-ㄱ 나이 배-ㅂ 훠-ㅁ 니- 크랍

เขียนเสร็จแล้วครับ
키-얀 쎗 래-우 크랍

งั้นเอาเอกสารรับรองนี้ไปสถานทูตเกาหลีแล้วทำใหม่ได้ครับ ถ้าหาหนังสือเดินทางเจอแล้วเราจะแจ้งให้คุณทราบครับ
응안 아오 에-ㄱ까 싸-ㄴ 랍 러-ㅇ 니- 빠이 싸 타-ㄴ 투-ㅅ 까오 리- 래-우 탐 마이 다이 크랍 타- 하- 낭쓰- 덕-ㄴ 타-ㅇ 쩌- 래-우 라오 짜 째-ㅇ 하이 쿤 싸-ㅂ 크랍

긴급상황 지갑을 도난당했을 때

무슨 일로 오셨습니까?

제 지갑을 도난당했어요.

저에게 장소와 시간을 알려주세요.

24번 버스에서입니다. 대략 오후 4시쯤입니다.

안에 무엇이 있었나요?

현금 약간하고 여행자수표요.

먼저 분실증명서를 떼어드릴게요.

은행에 가서 재발급을 받으세요.

มาธุระอะไรครับ

ผมถูกขโมยกระเป๋าถือครับ

บอกสถานที่และวันเวลาที่ถูกขโมยให้ผมด้วยครับ

ในรถเมล์สาย 24 ครับ ราว ๆ บ่าย 4 โมงครับ

ในกระเป๋ามีอะไรบ้างครับ

มีเงินสดนิดหน่อยและเช็คเดินทางครับ

งั้นผมจะออกเอกสารรับรอง ให้ก่อน

ไปที่ธนาคารให้ออกใหม่นะครับ

긴급 상황 병원에서(1)

진찰 좀 받고 싶습니다.

어떤 과를 보시려구요?

배가 아파요. 무슨 과인지 모르겠어요.

내과입니다. 외국인입니까?

네. 그렇습니다.

외국인 진찰비는 200바트입니다.

여기 있습니다.

이것이 진찰권입니다.

อยากจะให้ตรวจโรคครับ
야̀ㄱ 짜 하이̂ 뜨루̀-엇 로̂-ㄱ 크랍́

จะตรวจที่แผนกอะไรคะ
짜 뜨루̀-엇 티̂- 파낵̀-ㄱ 아라이 카́

ปวดท้อง ไม่ทราบว่าแผนกอะไร
뿌-엇 터́-ㅇ 마이̂ 싸́ㅂ 와̂- 파낵̀-ㄱ 아라이

แผนกตรวจโรคภายในค่ะ คนต่างชาติหรือคะ
파낵̀-ㄱ 뜨루̀-엇 로̂-ㄱ파-이 나이 카̀ 콘 따̀-ㅇ 차̂-ㅅ 르̌- 카́

ใช่ครับ
차이̂ 크랍́

ค่าตรวจโรคสำหรับคนต่างชาติสองร้อยบาท
카̂- 뜨루̀-엇 로̂-ㄱ 쌈 랍́ 콘 따̀-ㅇ 차̂-ㅅ 써̌-ㅇ러́-이 바̀-ㅅ

นี่ครับ
니̂- 크랍́

นี่บัตรคนไข้
니̂- 밧̀ 콘 카̂이

긴급상황 병원에서(2)

어디가 아프십니까?

어제 저녁부터 계속 설사가 나요.

보아하니 배탈이 난 것 같습니다.

제가 약을 처방해 드릴 테니, 먼저 1층에

가서 약값을 지불하고 약을 받아가세요.

감사합니다. 의사선생님.

잠깐만!

태국의 웬만한 도시에는 반드시 병원이 있고, 의료기술이나 시설도 결코 우리나라에 뒤지지 않는다. 입원시설도 잘 갖추어져 있고, 영어를 잘 하는 의사도 있으므로 안심하고 병원에 갈 수 있다. 여행시 긴급을 요하는 경우에는 물론 가장 가까운 병원에서 응급조치를 받으면 된다.

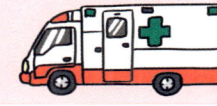

เป็นอะไรครับ(เจ็บตรงไหนครับ)
뻰 아라이 크랍 (쩹 뜨롱 나이 크랍)

ท้องร่วงมาตั้งแต่เมื่อคืน
터-ㅇ루-엉 마- 땅때- 므-어 크-ㄴ

รู้สึกท้องเสีย ผมจะสั่งยาให้นะ
루-쓱 터-ㅇ 씨-야 폼 짜 쌍 야- 하이 나

ครับ ไปจ่ายเงินที่ชั้นที่หนึ่งก่อน
크랍 빠이 짜-이 응언-ㄴ티- 찬 티- 능 꺼-ㄴ

แล้วรับยาที่นั่นครับ
래-우 랍 야- 티- 난 크랍

ขอบคุณครับ คุณหมอ
커-ㅂ 쿤 크랍 쿤 머-

잠깐만!

태국에서 진찰비는 그렇게 비싸지 않고, 또 방콕의 일부 병원에는 한국어 통역원이 있어 이용하기에 별 어려움이 없다.
한국에서 해외여행상해보험에 가입했다면 치료 후 진단서와 영수증을 받아두어야 귀국 후 여행보험의 혜택을 받을 수 있으니 유의하기 바란다.

긴급 상황 진찰 의사가 하는 표현(1)

움직이지 마세요.

이러한 느낌이 얼마나 오래 되었나요?

혈압(체온)을 재세요.

소매 좀 걷어 올리세요.

상의를 벗으세요.

이곳에 누우세요.

입을 여세요.

숨을 깊이 들이 쉬세요.

อย่าขยับนะครับ
야- 캬압 나- 크랍

มีความรู้สึกอย่างนี้มานานเท่าไร
미- 콰-ㅁ 루-쓱 야-ㅇ 니- 마- 나-ㄴ 타오라이

ขอวัดความดัน(ความร้อน)หน่อย
커- 왓 콰-ㅁ 단 (콰-ㅁ 러-ㄴ) 너-이

รูดแขนเสื้อขึ้น
루-ㅅ 캐-ㄴ 쓰-어 큰

ถอดเสื้อออกนะครับ
터-ㅅ 쓰-어 더-ㄱ 나- 크랍

นอนลงตรงนี้
너-ㄴ 롱 뜨롱 니-

อ้าปากหน่อย
아- 빠-ㄱ 너-이

ดูดลมหายใจลึกหน่อย
두-ㅅ 롬 하-이 짜이 륵 너-이

긴급 상황 — 진찰 의사가 하는 표현(2)

지금 혈액(소변)검사를 합니다.

X레이를 찍으세요.

소화불량입니다.

세균에 감염되었습니다.

지금 주사를 맞아야 합니다.

이틀 정도 쉬어야 합니다.

바로 입원하세요.

담배 · 술 하지 마세요.

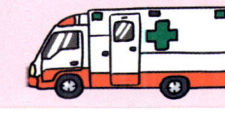

ตอนนี้กำลังตรวจเลือด(ปัสสวะ)
떠-ㄴ 나- 깜랑 뜨루-엇 르-엇 (빳 싸 오)

ขอถ่ายเอ๊กซเรย์
커- 타-이 에-ㄱ 싸 레-

อาหารไม่ย่อย
아- 하-ㄴ 마이 여-이

โดนติดเชื้อโรค
도-ㄴ 띳 츠-어 로-ㄱ

ต้องฉีดยาเดี๋ยวนี้เลย
떠-ㅇ 치-ㅅ야- 디-야우 니- 러-이

ควรพักผ่อนสักสองสามวัน
쿠-언 팍 퍼-ㄴ 싹 써-ㅇ 싸-ㅁ 완

เข้าโรงพยาบาลทันที
카오 로-ㅇ 파야- 바-ㄴ 탄 티-

อย่าดื่มเหล้าและห้ามสูบบุหรี่
야- 드-ㅁ 라오 래 하-ㅁ 쑤-ㅂ 부 리-

긴급상황 진찰 의사가 하는 표현(3)

화상을 입었군요.

무릎을 좀 올리세요.

지병이 있습니까?

전에도 이런 적이 있었습니까?

식욕은 평상시와 같습니까?

매운 음식을 먹지 마세요.

내일 다시 오세요.

한국으로 돌아가는 게 좋겠습니다.

ถูกไฟลวก
투-ㄱ 화이루-억

ยกเข่าขึ้นหน่อยซิ
육 카오 큰 너-이 씨

มีโรคประจำตัวหรือ
미- 로-ㄱ 쁘라짬 뚜-어 르-

เมื่อก่อนก็เคยเป็นอย่างนี้หรือ
므-어 꺼-ㄴ 꺼- 커-이 뻰 야-ㅇ 니- 르-

ทานอาหารได้เป็นปกติไหม
타-ㄴ 아- 하-ㄴ 다이 뻰 빠까띠 마이

อย่าทานอาหารเผ็ด ๆ
야- 타-ㄴ 아- 하-ㄴ 펫 펫

พรุ่งนี้มาอีกนะคะ
프룽니- 마- 이-ㄱ 나 카

คิดว่ากลับไปเกาหลีดีกว่า
킫 와- 끄랍 빠이 까오리- 디- 꽈-

긴급 상황 - 기타 유용한 표현

제 몸이 안좋습니다.

의사 좀 불러 주세요.

이 근처에 병원이 있나요?

저를 병원으로 데려다 주세요.

한국어를 하는 의사 있습니까?

다음번 진료예약을 좀 해 주세요.

여기가 좀(많이) 아파요.

감기인 것 같아요.

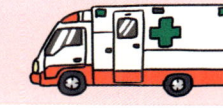

ผม(ดิฉัน)ไม่สบาย
폼 (디찬) 마이 싸바-이

ช่วยเรียกคุณหมอให้หน่อยครับ
추-어이 리-약 쿤 머- 하이 너-이 크랍

แถวนี้มีโรงพยาบาลไหมครับ
태-우 니- 미- 로-ㅇ 파야- 바-ㄴ 마이 크랍

ช่วยพาผม(ดิฉัน)ไปที่โรงพยาบาลหน่อย
추-어이 파- 폼 (디찬) 빠이티- 로-ㅇ 파야-바-ㄴ 너-이

มีคุณหมอพูดภาษาเกาหลีได้ไหมครับ
미- 쿤 머- 푸-ㅅ 파- 싸- 까오리- 다이 마이 크랍

ขอนัดตรวจโรคคราวหน้าหน่อยครับ
커- 낫 뜨루-엇 로-ㄱ 크라-우 나- 너-이 크랍

เจ็บตรงนี้(มาก)
쩹 뜨롱 니- (마-ㄱ)

รู้สึกเป็นหวัด
루-쓱 뻰 왓

Chapter 12 귀국

Tip 귀국할 때 공항에서

귀국편 예약하기

예약 재확인하기

탑승 수속할 때

전송 인사할 때

Tip. 귀국할 때 공항에서

귀국시에는 출발 3일 전에 예약을 재확인해 두도록 한다. 재확인하지 않으면 예약이 취소되는 경우가 많다. 항공사에 전화를 걸어 예약을 하고 직접 항공사나 공항에 가서 확인하는 것이 편리하다.

귀국할 때 공항에는 1시간~1시간 30분 전에 도착해야 탑승수속을 밟을 수 있다. 일단 항공사 카운터에 가서 여권과 항공권을 제시하면 탑승권을 준다. 그리고 체크인(check in)할 때 수하물이 중량 초과하면 추가요금을 내는 것이 원칙이나 경우에 따라서 봐 주는 경우도 있다. 여행이 끝났다고 쇼핑할 때 돈을 다 쓰지 말고 공항세를 내야함으로 미리 현금을 남겨 두도록 한다.

체크 인

출발시간 2시간 전에 공항에 도착해서 미리 체크인을 마쳐야 한다. 귀국시 제일 중요한 것은 이용 항공회사의 티켓팅빌딩을 확인하는 일이다.

공항에서 출국 수속은 한국에서와 동일한 순서로 진행된다.

① 보안검사 : 여권과 비행기표를 내보이고, 여행짐은 X-레이검사대를 통과시킨다.
② 이용하는 항공사의 카운터에 여권과 항공권을 제시하고 탑승권을 발부받고, 탁송하물이 있으면 부친다. 또 카운터에서 출국카드를 받아 기입한다.
③ 출국심사 대로 들어가기 직전 탑승권과 공항세 Check를 한다. 공항세(500바트)는 공항직원이 Check 하는 곳 바로 옆의 공항세 자동판매기계나 판매대에서 판매한다.
④ 출국심사 : 여권 · 항공권 · 출국카드를 제시한다.
⑤ 출국심사를 마치고 항공기 출발 시간에 여유가 있으면 면세점 쇼핑을 하거나 간단한 스낵과 음료를 즐길 수 있다.

⑥ 출발 30분 전에 탑승권 상의 탑승구에서 탑승대기를 한다.

귀국시 면세허용 범위 및 통관불허 물품
- **면세통로(녹색)**
  해외나 국내 면세점에서 취득 후 반입하는 물품 : 총금액이 30만원 이하
  주류 1병(1ℓ 이하), 담배 1보루(200개비) : 20세 미만 제외
  향수 2온스 이하
- **자진신고 검사대(백색)**
  면세 통과 허당 이외의 물품을 가진 사람

귀국 귀국편 예약할 때

안녕하세요, 태국항공입니다.

5월 26일 한국 서울로 가는 좌석을 예약하고 싶은데요.

손님 성함과 예약번호를 말씀해 주십시오.

이름은 김대중이고 예약번호는 KE 67425입니다.

그러면, 5월 23일의 좌석은 취소하겠습니다.

손님의 비행기편은 5월 26일

T.G 628편입니다.

สวัสดีค่ะ สายการบินค่ะ
싸왓디- 카 싸-이 까-ㄴ빈 타이카

อยากจะจองตั๋วไปกรุงโซลประเทศเกาหลี
야-ㄱ 짜 쩌-ㅇ 뚜-어 빠이 끄룽쏘-ㄴ 쁘라 테-ㅅ 까오 리-

ในวันที่ 26 เดือนพฤษภาคม
나이 완티- yi-씹혹 드-언 프르싸파- 콤

กรุณาบอกชื่อกับหมายเลขจองของท่านนะคะ
까루나- 버-ㄱ 츠- 깝 마-이 레-ㄱ 쩌-ㅇ 커-ㅇ 타-ㄴ 나 카

ชื่อคิมแดจุงและหมายเลขจองคือเคอี 67425
츠- 킴 대-쭝 래 마-이 레-ㄱ 쩌-ㅇ크-케-이-혹쩯씨-써-ㅇ하-

งั้นจะยกเลิกที่นั่งวันที่23เดือนพฤษภาคม
응안 짜 욕 러-ㄱ 티- 낭 완 티- yi-씹싸-ㅁ드-언 프르싸 파-콤

เที่ยวบินของท่านคือ ที จี 628
티-야우 빈 커-ㅇ 타-ㄴ 크- 티- 찌- 혹써-ㅇ빼-ㅅ

ในวันที่ 26 เดือนพฤษภาคมค่ะ
나이 완티- yi-씹혹 드-언 프르싸파- 콤 카

귀국 — 예약 재확인할 때

안녕하세요. 태국항공입니다.

서울 가는 좌석 재확인하려 하는데요.

손님의 영문이름을 말씀하세요.

KIM DAE-JOONG입니다.

손님은 9월 15일 서울로 가는

TG 648편이시지요?

맞습니다.

예. 재확인되셨습니다.

สวัสดีค่ะ สายการบินไทยค่ะ
싸왓디- 카 싸-이 까-ㄴ 빈 타이 카

ขอคอนเฟร์มตั๋วไปกรุงโซลครับ
커- 커-ㄴ 훠-ㅁ 뚜-어 빠이 끄룽 쏘-ㄴ 크랍

กรุณาบอกชื่อภาษาอังกฤษของท่านหน่อยค่ะ
까루나- 버-ㄱ 츠- 파-싸- 앙끄릿 커-ㅇ 타-ㄴ 너-이 카

เค ไอ เอม ดี เอ อี แล้วก็ เจ โอ โอ เอน จี
케- 아이 에-ㅁ 디- 에- 이- 래-우꺼- 쩨- 오- 오- 에-ㄴ찌-

ท่านไปกรุโซลโดยเที่ยวบิน ทีจี
타-ㄴ 빠이 끄룽쏘-ㄴ 도-이 티-야우 빈 티-찌-

648 ในวันที่ 15เดือนกันยายนใช่ไหมคะ
혹씨-빼-ㅅ나이완티- 씹하- 드-언 깐야-욘 차이 마이 카

ถูกแล้ว
투-ㄱ 래-우

คอนเฟร์มเรียบร้อยแล้วค่ะ
커-ㄴ 훠-ㅁ 리-얍 러-이 래-우 카

귀국 — 탑승 수속할 때

서울 가는 태국항공 카운터가 어디 있습니까?

7번 카운터로 가세요.

비행기표와 여권을 주세요.

짐 있습니까?

큰 가방 두 개입니다.

실례지만 창가쪽의 좌석으로 주시겠습니까?

이것이 보딩패스이며 게이트는 7번이고

탑승은 9시부터입니다.

เคาน์เตอร์สายการบินไทยไปกรุงโซลอยู่ที่ไหนครับ
카오 떠- 싸-이 까-ㄴ 빈 타이빠이 끄룽쏘-ㄹ유- 티- 나이 크랍

เชิญไปเคาน์เตอร์ที่ 7 ค่ะ
처-ㄴ 빠이 카오 떠- 티- 쩻 카

ขอตั๋วเครื่องบินกับหนังสือเดินทางหน่อยค่ะ
커- 뚜-어 크르-엉 빈 깝 낭쓰- 더-ㄴ 타-ㅇ 너-이 카

มีของไหมคะ
미- 커-ㅇ 마이 카

มีกระเป๋าใหญ่ 2 ใบ
미- 끄라빠오 야-이 써-ㅇ바이

ขอโทษ ขอที่นั่งติดหน้าต่างหน่อยครับ
커- 토-ㅅ 커- 티- 낭 띳 나- 따-ㅇ 너-이 크랍

นี่บัตรขึ้นเครื่องบินออกไปช่องเจ็ดนะคะ
니- 밧 큰 크르-엉 빈 어-ㄱ 빠이 처-ㅇ 쩻 나 카

แล้วก็ขึ้นเครื่องได้ตั้งแต่ 9 โมงค่ะ
래-우 꺼- 큰 크르-엉 다이 땅때- 까오 모-ㅇ카

315

귀국 전송 인사할 때

이렇게 배웅 나와 주셔서 정말 고맙습니다.

천만에요.

돌아가시면 가족들에게 안부 전해 주세요.

돌아가면 곧 연락드리겠습니다.

편안히 돌아가세요.

항상 건강하게 지내세요.

이번에 당신께 폐 많이 끼쳤습니다.

태국을 떠나기가 정말로 아쉽습니다.

ขอบคุณมากที่ได้อุตสาห์มาส่งอย่างนี้ครับ
커- ㅂ 쿤 마-ㄱ 티- 다이 웃싸- 마- 쏭 야-ㅇ 니- 크랍

ไม่เป็นไรครับ
마이 뻰 라이 크랍

กลับไปแล้วขอฝากความคิดถึงถึงครอบครัวคุณด้วยครับ
끄랍 빠이 래-우 커- 하-ㄱ 콰-ㅁ킷 틍 틍 크러-ㅂ크루-어쿤두-어이크랍

กลับไปแล้วจะส่งข่าวมาทันที
끄랍 빠이 래-우 짜 쏭 카-우 마-탄 티-

ขอให้เดินทางกลับโดยสวัสดิภาพ
커- 하이 드ㅓ-ㄴ 타-ㅇ 끄랍 도-이 싸왓디 파-ㅂ

ขอให้รักษาสุขภาพดี ๆ นะครับ
커- 하이 락싸- 쑥카파-ㅂ 디- 디- 나 크랍

รู้สึกคราวนี้รบกวนคุณมาก
루- 쓱 크라-우 니- 롭 꾸-언 쿤 마-ㄱ

เสียใจจริง ๆ ที่จะอำลาเมืองไทย
씨-야 짜이 찡 찡 티- 짜 암 라- 므-엉 타-이

317

Tip. 알아두면 유용한 태국음식

- **볶음음식**

  볶음음식은 주로 야채를 곁들인 육류나 어패류의 볶음음식인데, 어떤 재료를 썼느냐에 따라 음식의 이름이 결정된다.

  ข้าวผัดกุ้ง(ปู, ไก่, หมู) 새우(게, 닭고기, 돼지고기) 볶음밥
  카ˆ우 팟 꿍 (뿌- 까이 무-)

  ข้าวผัดอเมริกัน 아메리칸식 볶음밥
  카ˆ우 팟 아메-리 깐

  ไข่เจียวหมูสับ 다진 돼지고기를 넣은 오믈렛
  카이찌-야우무-쌉

  ผัดเปรี้ยวหวาน 야채볶음
  팟 쁘리ˆ여우 와ˇㄴ

  ผักบุ้งไฟแดง 팍봉볶음(팍봉은 우리나라의 미나리와 비슷한 야채이며 팍봉화이댕은 팍봉을 태국 된장에 버무려 볶은 것으로 태국사람이 매우 즐겨 찾는 음식이다.)
  팍 붕 화이대-ㅇ

  กุ้งผัดพริก 고추를 넣고 볶은 새우볶음
  꿍 팟 프릭

  เนื้อผัดน้ำมันหอย 조개기름으로 볶은 쇠고기볶음
  느ˆ어 팟 남 만 허ˇ이

  หอยลายผัดน้ำพริกเผา 카레를 넣고 볶은 조개볶음
  허ˇ이 라-이 팟 남 프릭 파오

- **무침음식(각종 냉채)**

  태국의 무침음식은 **ยำ** 얌, **ลาบ** 라ˆㅂ, **ตำ** 땀, **พล่า** 플라ˆ- 등 조리 방법에 따라 명칭이 다르며 맛과 종류가 다양하다.

  ลาบเนื้อ 다진 쇠고기무침   **ปลาพล่า** 생선무침
  라ˆㅂ느ˆ아   쁠라-플라ˆ-

กุ้งพล่า 꿍 플라-	새우무침	ยำกุ้งแห้ง 얌 꿍 해-ㅇ	마른 새우무침
ยำวุ้นเส้น 얌 운 쎄-ㄴ	당면무침(잡채)	ยำปูดอง 얌 뿌 더-ㅇ	게장무침

- **튀김음식**

    กุ้งชุบแป้งทอด　　새우튀김
    꿍 춥 빼-ㅇ터-ㅅ

    ไก่(หมู, เนื้อ)ทอด　　닭(돼지고기, 소고기)튀김
    까이(무-, 느-어) 터-ㅅ

- **แกง(แกง)과 ต้ม(똠)**

    「깽」은 주로 국물이 적은 카레와 같은 음식을 칭하고,「똠」은 주로 탕과 같은 국물이 많은 음식을 지칭하지만 때로는 그런 명확한 구분 없이 융통성있게 명칭을 사용한다.「깽」이나「똠」은 우리나라의 국 종류처럼 가인별로 떠놓고 먹지 않고 찌개처럼 중앙에 놓고 먹는데, 반드시 공동으로 사용하는 스푼을 사용해서 각자의 접시나 공기에 떠놓고 먹는다.

- **면류 및 만두류**

    태국의 면 종류로는「꾸어이띠여우」,「바미」,「카놈찐」등이 있는데, 주로 노상이나 시장에서 점심 때와 늦은 저녁에 간식으로 많이 먹는다. 우리나라의 면 종류와 다른 점은 면발의 양은 적지만 어육류 및 각종 야치 등의 재료들을 푸짐하게 넣는다는 것이다. 또 한 면의 굵기가 둗과 넓적한 면을「쎄-ㄴ 야이」가느다란 면을「쎄-ㄴ 렉」, 라면발과 같은 노란색의 면을「쎄-ㄴㅁ」라고 부른다.

319